Inhal

Vorwort

Viele der hier vorgestellten Frauen kenne ich noch sehr gut, und einige sind ein Stückchen meines eigenen Lebens. Andere waren mir aus Erzählungen oder zumindest dem Namen nach bekannt, manche entdeckte ich erst, als ich die gängige Geschichtsschreibung ‚gegen den Strich' las, und einige wurden mir von den Föhrerinnen und Föhrern vorgestellt, die sie selbst noch gekannt hatten: „Karin, schreib doch über die mal was!"

Und so begab ich mich auf die Spur ganz unterschiedlicher Frauen aus verschiedenen Jahrhunderten: Das Buch beginnt mit einer Herzogin des 17. Jahrhunderts und endet mit der Wyker Kauffrau Elli Stammer, die zu Beginn dieses Jahrtausends starb. Ehe- und Hausfrau, Mutter, Dienstmädchen, Hausdame, Gastwirtin, Schriftstellerin, Vermieterin, Kaufhausgründerin, Prinzessin, Königin, Sekretärin, Schneiderin, Frauenrechtlerin und Privatière - die vorgestellten Frauen übten die unterschiedlichsten Beruf aus, eines aber haben sie alle gemeinsam: Sie sind ein Teil von Wyk, von der Insel Föhr. Und obwohl sie eine tragende Rolle spielten und sich in die Erinnerungen der Menschen eingruben, war es eine biographische Puzzelarbeit, ihr Leben zumindest ein Stückchen weit beschreiben zu können. Dazu wurden Familiengeschichten aufgestöbert und durchforstet, Nachkommen gefunden, Zeitzeugen befragt, Museen und Archive auf Föhr und außerhalb besucht, Fotoalben gewälzt, Fragen zur Verwandtschaft nach Amerika geschickt, dänische Texte ins Deutsche übersetzt, Literatur auf der Suche nach Hinweisen durchgearbeitet, die Familiennachrichten des „Insel-Boten" der letzten hundert Jahre ausgewertet und immer wieder gefragt: „Kennen sie die Frau? Wissen sie noch etwas über sie?"

Ohne die Antworten und Erzählungen der vielen Insulanerinnen und Insulaner, die ich ‚ausfragen' durfte, wäre dieses Buch nicht zustande gekommen. Bedanken möchte ich mich an dieser Stelle bei Hanna Schneider, die zusammen mit ihrem Bruder Arndt Boetius, so manche ‚Ermittlungen' für mich anstellte und mir jedesmal ein großes Stück weiterhalf. Anna-Marie Holms Kenntnisse der Geschichte Föhrs und seiner Menschen holten mich ebenso aus einigen ‚historischen Sackgassen' wie Ingke und Heie Martens-Sönksen mit ihren Auskünften über Oevenum und seine Menschen. Von den vielen Besuchen und Gesprächen in Wohnzimmern, Küchen, Büros, Geschäften und Gastwirtschaften, auf Höfen und in der Wyker Mühle beeindruckte mich besonders der Besuch beim alten Benno Petersen, der mich mit den Worten begrüßte: „Dein Name ist mir zu lang, ich heiß' Benno!" Eine Zigarette nach der anderen genußvoll schmauchend, erzählte er Döntjes aus dem alten Wyk und erinnerte sich für mich noch einmal ganz genau an seine „Villa Irma".

Nicht zuletzt der interessierten und geduldigen Unterstützung meiner Familie, die wegen meiner Recherchen so manches Mal den Beginn unserer abendlichen Punschstunde verschieben mußte, ist es zu verdanken, daß ich diese Porträts von Insulanerinnen schreiben konnte. Die hier vorgestellten Frauen repräsentieren die Geschichte der Insel Föhr aus bisher unbekannter Perspektive.

Karin de la Roi-Frey
Wyk auf Föhr, Juni 2002

Der Wyker Hafen

Die Erteilung der Hafengerechtigkeit im Jahre 1704

Herzogin Hedwig Sophie (1681-1708)

Standen in Wyk, dem jüngsten Ort der Insel Föhr, zu Beginn des 17. Jahrhunderts zunächst auch nur einige Fischerhäuschen, so begann sich dieser Ankerplatz („Wiek“) zu einem Hafen auszuweiten, als die „angesehensten und vermögendsten Leute von Föhr ... in Wyk Zimmerhütten und Packhäuser zur Beförderung ihres Schiffsbaues“ bauten, erzählt der Föhr-Forscher Ocke Nerong. Einer der ersten, die diese Entwicklung erkannten und den Fortschritt in ihrem Sinn vorantrieben, war der Midlumer Ratmann und Schiffer Rörd (Rauert) Arfsten, der mit seinem Schmackschiff Lasten transportierte und Packhäuser für die Zwischenlagerung neben die Schiffswerkstätten errichtete. Seine Geschäfte dehnte Arfsten bis nach Holland aus und verkaufte dort 1594 als „Roerdt Arffsten Koopmann van Veur“ Anker und Taue. Mit seiner Frau Inge Rauertsen hatte er drei Söhne, und nach der Höhe seiner Steuer (1612: 28 Taler) war er der zweitreichste Mann auf Osterland-Föhr. Rörd Arfsten konnte es sich leisten, für die 1618 fertiggestellte Kanzel in der Nieblumer Kirche zehn holländische Gulden zu stiften (Inschrift auf dem Kanzeldeckel). Sein Sohn Ocke Rauerts, der noch vor ihm und seiner Frau starb, studierte in Wittenberg und war unter dem Namen Otto Richardi als Pastor an der Boldixumer und an der Nieblumer Kirche tätig. Rörd Arfstens Sohn Nickels Rauerts bekleidete zwanzig Jahre das Amt des Landvogts auf Osterland-Föhr und war als „ein guter ehrlicher Mann“ bekannt.

Rörd Arfsten gilt heute als der Gründer der Stadt Wyk, deren Einwohnerzahl in den folgenden Jahren stetig stieg. Nach den Schrecken und Verlusten der Orkanflut von 1634, die auf Föhr einen eher geringen Schaden angerichtet hatte, suchten die Menschen der zerstörten Halligen eine neue Heimat und siedelten sich schutzsuchend vor neuen Fluten auf den höher gelegenen Geestgebieten an. Mit ihrer Ansiedelung „by de Wycke" an der Bucht, die noch heute den Hafen von Wyk umschließt, trugen sie zur weiteren Entwicklung des kleinen Hafenstädtchens bei: 1658 lebten in dem kleinen Ort 172, 1662 bereits 223 Menschen. „Diese widmeten sich mit den Föhrern der Schifffahrt und erwarben sich in der glücklichen Periode mit diesen Wohlstand und Reichtum."

Schon wenige Jahre nach der großen Flut sahen sich die Menschen auf der Insel neuem Schrecken ausgesetzt: Im Krieg zwischen Dänemark und Schweden wurde Föhr zwar nicht so wie Amrum und ein Teil Sylts besetzt, aber dreißig feindliche Schiffe, die in der Nordsee hin- und herkreuzten, machten den Insulanerinnen und Insulanern Angst. Mit List und Mut gelang es, die Feinde abzuwehren und der Plünderung zu entgehen. Paul Wentorp schreibt dazu im „Buch von Föhr": „Die Schiffsbesatzungen sollen aus der Ferne die friesischen Frauen, die ihre bunte Tracht angelegt hatten, ‚für Grenadiers und lauter Bewaffnete und zur Verteidigung des Landes beorderte Kriegsvölker' angesehen haben, ließen sich also abschrecken und segelten davon." Die Niederlage des dänischen Königs Christian IV. hielt seinen Nachfolger allerdings nicht davon ab, die Schweden 1657 wieder anzugreifen. Der schwedische König Karl X. war Schwiegersohn des Herzogs Friedrich III. von Gottorf und zwang seinen dänischen Gegner im Frieden zu Roskilde, die Souveränität des Herzogtums anzuerkennen. Die Neutralität aber nutzte Herzog Friedrich III. im gleichen Jahr wenig, sein Herzogtum wurde im erneuten Krieg zwischen Dänemark und Schweden stark in Mitleidenschaft gezogen und blieb ein dauernder Zankapfel zwischen den Ländern. Im Nordischen Krieg (1700-1721) kam es zur

Die junge Herzogin Hedwig Sophie

Der Wyker Hafen von 1864 mit Blick Richtung Königstraße

Entscheidung. Dänemark mußte die Souveränität des Herzogtums Holstein-Gottorf anerkennen. Führend waren in dieser Angelegenheit zwei junge Männer: der 18jährige König Karl XII. von Schweden und sein Schwager Herzog Friedrich IV., der mit ihm nach Rußland zog und dort 1702 bei Klissow, in der Nähe von Krakau, fiel. Dieser Moment stellte seine 19jährige Frau, Herzogin Hedwig Sophie, vor ganz neue Aufgaben.

Die Tochter Karl XI. von Schweden und seiner Frau Ulrika Eleonora von Dänemark war wie ihre Mutter, deren Verlobung je nach dem Stand der kriegerischen Auseinandersetzungen zwischen Schweden und Dänemark mal Gültigkeit besaß und mal nicht, schon früh das Ziel politischer Spekulationen und nutzbringender Heiratspläne geworden. Schon mit 13 Jahren wurde Hedwig Sophie dem zehn Jahre älteren Herzog Friedrich IV. von Holstein-Gottorf versprochen, dem sie vier Jahre später in sein Herzogtum folgte. Die Trauung im Schloß Gottorf wurde rasch abgehandelt, und schon bald fühlte sich die junge Herzogin in ihrer neuen Heimat, in der Ehe und so weit weg von ihrer Familie sehr unglücklich.

Sie reiste 1699 nach Schweden und wurde dort vom Ausbruch des Nordischen Krieges überrascht, so daß sie ihren Sohn Karl Friedrich dort zur Welt brachte. Nur wenige Jahre dauerte die von gegenseitiger Gleichgültigkeit gekennzeichnete Ehe, und die junge Hedwig Sophie soll nicht sehr um ihren Friedrich getrauert haben, war doch sein Ruf nicht der beste und sein weitschweifiges, sexuell aktives Leben außerhalb der Ehe bekannt. Hedwig Sophie widmete sich nach dem Tod des Herzogs ganz der Erziehung ihres Sohnes, dem Nachfolger ihres Mannes im Herzogtum Holstein-Gottorf. Zu diesem Zeitpunkt aber war er erst zwei Jahre alt und so wurde sein Onkel zu seinem Vormund bestellt.

Seine Mutter Hedwig Sophie aber behielt sich alle wichtigen Entscheidungen vor. Sie war keine der dumm gehaltenen Töchter, im Gegenteil: Hedwig Sophie wurde erst von ihrer Mutter, die eine sorgfältige Erziehung genossen hatte, unterrichtet und später von einem eigens für sie angestellten Lehrer. Sie liebte Sprachen, kannte sich aus in Geschichte und Geographie, ging mit ihrem Vater zum Jagen und Fischen und galt als intelligent, charmant und attraktiv.

Inzwischen war weit mehr als ein halbes Jahrhundert vergangen seit der Orkanflut von 1634. Die Föhrer Männer waren zu Grönlandfahrern geworden, die ihre Familie mit dem Walfang ernährten. Zusammen mit den Männern der anderen Inseln und Halligen verließen sie ihre Heimatinsel, um sich in die Dienste der Walfangreeder zu begeben, von denen sie wegen ihrer guten Ausbildung, ihrer Zuverlässigkeit und ihres Durchhaltevermögens sehr geschätzt wurden. So besetzte die „Südseekompanie“ in London um 1725 ihre gesamte Walfangflotte (25 Schiffe) mit Commandeuren und Harpunieren von Föhr, und im Jahre 1701 war jeder dritte Commandeur, der mit einem Hamburger Walfänger in See stach, ein Föhrer. Als der erfolgreichste Grönlandfahrer gilt der als „Glücklicher Matthias“ bekannte Oldsumer Kommandeur Matz Peters. Er soll 373 Wale in seinem Leben erlegt haben. Wie die anderen Grönlandfahrer kam auch er über die Herbst- und Wintermonate nach Föhr zurück und lebte mit seiner Familie. Und in den Monaten Januar bis März ging es, je nach Witterung, wieder zu den Häfen der Grönlandschiffe. Schmackschiffe, wie sie auch der Wyk-Gründer Rörd Arfsten fuhr, brachten die Männer zu ihren Bestimmungsorten - wie die Heringe eingepackt sollen 50 bis 200 Männer während der Fahrt im Frachtraum gelegen haben. Rückschläge wie der Verlust von zwei Schiffen, die 1701 von Wyk aus zum Walfang losfuhren, blieben nicht aus und machten den Vorausdenkenden deutlich, daß noch andere Einnahmequellen nötig waren.

Im kleinen Wyk faßte Johannes Feddersen, Sohn eines Wyker Schiffers, im Jahre 1701 den Plan, ein Haus für die Unterkunft und Bewirtung der Reisenden zu bauen. Gegen eine einmalige Gebühr wurde ihm dies vom Herzog gestattet und er bekam ein Grundstück für das erste Wyker Hotel zugewiesen. Seinem Antrag aber, den verschlickten und verfallenen Wyker Hafen wieder instandzusetzen und danach für die Benutzung eine Gebühr zu erheben, wurde nicht so schnell stattgegeben. Bisher löschten die Schiffe ihre Ladungen vor dem Sandwall, was eigentlich keinen großen Nachteil mit sich brachte, allerdings konnten die Männer mit ihren Schiffen keinen richtigen Schutz vor Sturm und Unwetter in Wyk finden und mußten in fremden Häfen überwintern. Gegner von Feddersens Projekt befürchteten eine Verteuerung ihrer Waren durch die Hafengebühren - und waren dagegen. Und so kam ein Amtmann des Herzogs auf die Insel, ließ sich die Pläne von Feddersen und seinen Mitstreitern für einen neuen Hafen noch einmal erklären, nahm eine genaue Besichtigung vor und stellte fest, daß sich der Platz (später: Spülkuhle im Königsgarten, heute: Gelände nordwestlich hinter dem Rathaus) für den Hafenbau sehr gut eigne. Außerdem zeigte er sich davon überzeugt, daß der Hafen dem kleinen Ort Wyk großen Nutzen bringen und später einmal auch Gewinne erwirtschaften würde. Und so verlieh Herzogin Hedwig Sophie am 31. Oktober 1704 Wyk die Hafengerechtigkeit. Geldmangel aber sorgte dafür, daß erst sieben Jahre später mit dem Bau des Wyker Hafens begonnen werden konnte, den die große Sturmflut von 1717 aber bereits wieder zerstörte. Es dauerte mehrere Jahrzehnte, bis 1761 der zweite Wyker Hafen weiter östlich in der Nähe des heutigen „Strandhotels" angelegt wurde. Eine große Sandbank verschloß das Hafenbecken 1792, und so entstand schließlich 1806 der dritte Wyker Hafen, der die Grundlage des heutigen Geländes bildete.

Und Hedwig Sophie? Im Jahre 1708 erkrankte sie an den Pocken und starb im Alter von 27 Jahren nach wenigen Tagen. Ihr Bruder, Karl XII. von Schweden, mit dem sie sich immer besonders gut verstanden hatte, vergoß bei ihrem plötzlichen Tod Tränen der Trauer.

Und zum Schluß

Inge Rauertsen, die Frau des Gründers von Wyk, deren Grabstein noch heute auf dem Friedhof von St. Johannis in Nieblum steht, wurde die Stamm-Mutter einer langen Reihe bekannter Föhrer Persönlichkeiten, zu denen Landvögte und Kommandeure von Walfangschiffen gehörten.

Die Schiffe der W.D.R. und ihre Taufpatinnen

Lena Boetius, geb. Petersen (1909-1991), Christine Lützen, geb. Freiberg (1906-1990) und Käthe Theis (geb. 1934)

„Wieberröck an Bord, dat gift Malheur"*, orakelt ein altes Seemannssprichwort und so stimmten auch alle Männer der Bremer Schiffsverordnung von 1805 begeistert zu: „Es sollen keine Frauenspersonen an Bord geduldet werden, es sey bei dem Ausgehen oder der Zurückkunft; und wer eine solche ohne besondere Erlaubnis dahinbringt, soll fünf Reichsthaler Strafe geben." Frauen an Bord, das war schlimmer als ein Mastbruch oder der Klabautermann. Auf die vollbusige Gallionsfigur aber, die oft den Namen des Schiffes verkörperte, wollte niemand verzichten, wenn die „Cutty Sark", die „Bounty" oder die „Mayflower" in See stachen. In den uralten Riten der Völker waren die Schiffe immer weiblich, die Römer verehrten Isis als die Schiffsgöttin und die Darstellung von Göttinnen in Booten ist seit frühester Zeit bekannt. Als Namensgeberinnen wie für die „Anna Paulina" des Föhrer Kapitäns Knudt Thede Paulsen akzeptierte man die Frauen zwar auch, aber gelenkt wurde die „Anna Paulina" von einem Mann!

„Frauen und Schweine gehören nicht an Bord", mußte sich eine junge Nautikerin von ihrem Kapitän sagen lassen, der mit allen Mitteln versuchte, seine neue Kollegin von Bord zu ekeln. Natürlich dachte niemand so etwas bei der „Wyker Dampfschiffs-Reederei". In der zweiten Hälfte des 20. Jahrhunderts aber kam ein Problem auf die Herren der Vorstandsetage zu. Hatte die W.D.R. seit ihrem Bestehen zwar anstandslos die Schweine der Föhrer Bauern transportiert, so stellte sich die Frage des Transports von Frauen eines Tages auf eine ganz neue Art. Männer, die in die Stadtvertretung gewählt worden waren, besaßen nämlich kraft Amtes die Berechtigung, an den traditionellen und bisher ausschließlich in Männerhand befindlichen

** „Weiber an Bord bringen Unglück"*

Übergabefahrten der neuen Reeedereischiffe von der Werft in den Heimathafen Wyk, die längere Zeit nach der Taufe stattfanden, teilzunehmen. Aber was war mit den Frauen, die nun in die Stadtvertretung gewählt worden waren? Der W.D.R.-Vorstand beriet hinter verschlossenen Türen, gestandene Kapitäne blickten ratlos, ihre Mannschaft meuterten gegen den „Weiberrock“ auf der ersten Fahrt ihres Schiffes und knurrten ärgerlich über diesen „neumodschen Unsinn“. Warum blieben die Frauen nicht da, wo sie hingehörten? Auf der Taufkanzel war ihr Platz, und nur dort, jawohl!

Im Juni 1955 machte sich „eine ansehnliche Insulaner-Abordnung“ auf den Weg nach Husum. Der „Insel-Bote“ berichtet: „Am Husumer Hafengelände angekommen, sahen wir schon den wuchtigen Rumpf unseres Dampfers auf den Hellingen liegen, fahnenüberweht, girlandengeschmückt. Vor der hübschen Silhouette der grauen Stadt am Meer eine große Zuschauermenge, denn es war ja das erste Passagierschiff, das von der Werft geschaffen wurde. Pünktlich 17 Uhr der Taufakt: Hans Kröger, der Chef der Werft, entbietet allen Erschienenen den Willkomm. Er dankt der W.D.R. für den schönen Auftrag, dankt allen Mitarbeitern, und er unterstreicht die Freude an dieser großen Arbeit. Dem Schiff aber möge alle Zeit gute Fahrt

Die „Uthlande“ – noch ohne Aufbau – zum ersten Mal im Wasser

beschieden sein. Unsere Wyker Mitbürgerin, Frau Lena Boetius, vollzieht die Schiffstaufe. Ein sinniger Gedanke zweifellos, die Trägerin eines für Seefahrt und Reederei unvergessenen Namens für diesen Augenblick auf der Taufkanzel zu haben. Ein ungewöhnlich schönes Bild, die Friesin in ihrer königlichen Föhringer Tracht. Weithin klingt ihr friesischer Taufspruch: ‚Rüm Hart - Klaar Kimming! skal det ual fresk Wurd wes, wat wi di mä üb a Woy dü. Kehr alltidj lokkelk an gudd tesken üs Eiluun Fehr, Ömreng an dat Fäestlunn! - Dü skell „Uhthlande" nömet wurd!'* Die Sektflasche zerschellte am Bug des Schiffes. Und im selben Augenblick gleitet der stolze Dampfer in sein Element. ... Brausend klingt ein Hochruf über das dicht mit Menschen besetzte Werftgelände".

Lena Boetius hatte Arndt Boetius, den Enkel des Reedereigründers, geheiratet und war von der Geschäftsleitung und dem Aufsichtsrat der W.D.R. bestimmt worden, die „Uthlande" zu taufen. Sie setzte damit die traditionell enge Verbundenheit der Familie mit der Reederei fort. Zusammen mit ihren drei Geschwistern war Lena Boetius in Oevenum (Dörpstrat 70) als Tochter von Boy Sönke Petersen, der in seinem Dorf zu den anerkanntesten Männern gehörte, und seiner Frau Keike - die Tochter des Oevenumer Amtsvorstehers - aufgewachsen. Über ihre Mutter mit der großen und bedeutenden Knudsen-Familie verwandt, trug Lena den Namen ihrer Urgroßmutter Lena Christina Knudsen aus Wyk, deren Vater dort zu den Ratmännern gehört hatte. Zusammen mit ihrem Mann Arndt baute Lena das Elektrogeschäft Boetius in der Großen Straße (Nr. 26) auf und trug dazu mit „Rat und Tat" viel bei, erzählte ihre Schwägerin Hanna Schneider. Sie war „eine sehr tüchtige Frau", die neben der Kinder-

Lena Boetius am Tag der Schiffstaufe auf der Husumer Werft

**"Rüm Hart - Klaar Kimming! soll das alte friesische Wort sein, das wir dir mit auf den Weg geben. Fahre alle Zeit glücklich und gut zwischen unserer Insel Föhr, Amrum und dem Festland! Du sollst „Uthlande" heißen"*

erziehung und dem großen Geschäftshaushalt auch noch die Sommervermietung in ihrem Haus am Sandwall 6 besorgte. Zum Angebot der Vermieterin gehörte der Mittagstisch für die Gäste des Hauses, und das ging eines Tages ganz eindeutig zu Lasten des Hausherrn, der sich gerade über die leckere Roulade auf seinem Teller hermachen wollte und sie ganz plötzlich wieder in den Topf zurückwandern sah. Auf sein erstauntes Nachfragen, teilte seine Frau ihm mit: „Ick heff en Gast vergeten!"*

Schon wenige Jahre später (1959) lief nach der „Schleswig-Holstein" das dritte Schiff der W.D.R. in Husum von Stapel: die „Rüm Hart". Mit einer Länge von fast 49 Metern war sie zweieinhalb Meter länger als ihre zwei Schwesternschiffe und konnte eine noch schnittigere Bugform vorweisen. Am Tag der Taufe im März 1959 lag über dem Husumer Hafen eine gespannte Erwartung. „Auf den Hellingen lag ein flaggengeschmückter, tannengirlandenbekränzter Schiffsrumpf, dessen Boden bereits in schwarz, weiß und rot gestrichen war ... . Neben der Taufkanzel baumelte ein Blumenstrauß von der Reeling herunter. Erst bei genauerem Hinsehen entdeckte man die darin verborgene Sektflasche, die die Taufpatin, Frau Lützen,

Der alte Wyker Hafen lange vor der Erweiterung 1968. Im Hintergrund (von rechts): Schornstein des E-Werks, Glockenturm, Reedereigebäude mit Turm

"Ich habe einen Gast vergessen!"

wenige Minuten später mit Nachdruck und gut gezielt am Bug des Schiffes zerschmettern ließ. ... Dann schäumte der Sekt gegen das kalte Eisen, die letzten dünnen Streben der Unterklotzung lösten sich in Sekundenschnelle, und langsam, zielstrebig glitt die „Rüm Hart“ dem Element entgegen, für das sie gebaut war.“

Die Taufpatin der „Rüm Hart“, Christine Lützen aus Klintumfeld bei Leck/Nordfriesland, war verheiratet mit Friedrich Lützen, der sich vom Lehrling zum Geschäftsführer hochgearbeitet hatte und „aus der W.D.R. das machte, was sie heute ist“. Die Feier der Schiffstaufe fand 1959 in „Obsens Hotel“ am Husumer Hafen statt, wo Christine Lützen zur Erinnerung an diesen Tag ein Schmuckstück überreicht wurde. Dieses Geschenk der Werft, in das der Name des Schiffes und das Datum der Taufe eingraviert wurde, erhielten auch alle späteren Taufpatinnen. So wurde Käthe Theiss 1970 nach der Taufe der „Insel Amrum“ ein goldener Armreif überreicht. Da der Taufakt meistens am späteren Nachmittag stattfand, wurde bis in die Nacht hinein gefeiert. Im Mittelpunkt stand dabei die Taufpatin, die erleichtert aufatmete, daß alles gut gegangen und ganz besonders, daß die Flasche auch gleich am Bug des Schiffes zerschellt war. Den bewegenden Augenblick, wenn das Schiff von der Helling ins Wasser glitt, vergaßen die Frauen nie und erinnerten sich noch lange danach an die aufregenden Wochen davor und an jede Einzelheit des Tages. Mit einer Festtafel, Ansprachen und anschließendem Tanz verging der Abend, und mit einem Sonderschiff der W.D.R. ging es zu später Stunde wieder von Dagebüll zurück nach Föhr. Einige Zeit danach erhielt Käthe Theis den abgebrochenen Flaschenhals der Schiffstaufe auf einer Holzplatte befestigt als Andenken. Manche der Frauen fühlten sich mit ‚ihrem‘ Schiff für immer verbunden, blieben mit der Besatzung, die Blumen zum Geburtstag der Patin schickte, in engem Kontakt und sorgten auch schonmal dafür, daß die Mannschaft anläßlich des Weihnachtsfestes einen großen Schluck auf das Wohl des Schiffes und seiner Patin trinken konnte.

Mit Ausnahme des Segelschiffs „Martha“, der Motorboote „Louise“ und „Freya“ sowie der Frachtsegler „Käthe Marie“ und „Anna“, die von ihren früheren Eignern schon mit ihrem

Namen übernommen worden waren, trugen die Schiffe der W.D.R. keine weiblichen Namen. Und es waren auch nur wenige Männer, deren Popularität einen eigenen Schiffsnamen rechtfertigte. Zu dem wohl bekanntesten Schiff gehörte die „Kapitäne Christiansen“, benannt nach drei Männern, dem früheren W.D.R.-Kapitän Peter Christiansen und seinen Söhnen Friedrich und Carl, daß 1938 von dem jüngsten Familienmitglied, Harro Christiansen, getauft wurde.

Im zweiten Weltkrieg ging das Motorschiff „Steffen-Heinrich“ verloren, das 1925 gebaut worden war und seinen Namen zu Ehren des Reedereigründers Steffen-Heinrich Boetius trug. Und auch eine „Albert Ballin“ (Hamburger Reeder), eine „Stephan“ (Generalpostmeister des Deutschen Reiches, der 1870 die Postkarte einführte) und eine „von Thielen“ (preußischer Eisenbahnminister) fuhren für die Reederei. Und sogar der Freibeuter Klaus Störtebeker war es wert, seinen Namen einem Schiff zu geben. 1969 wurde die „Störtebeker“ von Erika Lesch, Frau des langjährigen Stadtvertreters und Bürgervorstehers Hartwig Lesch, auf der Husumer Werft getauft.

Und zum Schluß

Eduard Boetius, Geschäftsführer der W.D.R. von 1910 bis 1929, hatte es nicht immer leicht. In weiser Voraussicht auf den immer stärker werdenden Autoverkehr und die motorisiert anreisenden Sommergäste plante er 1926 den Bau eines wesentlich größeren Schiffes, um für die Zukunft gerüstet zu sein. Die Gespräche mit den Stadtvertretern brachten als Ergebnis nur deren entschiedenes Nein. Der ärgerliche Boetius vertraute einem Freund an: „Die Hälfte der Gemeinderatsmitglieder sind Idioten.“ Das allerdings kam dieser Hälfte zu Ohren, und Boetius stand plötzlich samt seinem Posten zur Diskussion. Schließlich einigte man sich auf eine öffentliche Wiedergutmachung, und Boetius inserierte im „Insel-Boten“: „Ich gebe hiermit bekannt, daß die Hälfte der Gemeinderatsmitglieder keine Idioten sind“. Wozu die ganze Aufregung, hatte er das nicht gesagt?!

Königstraße 1: „Strandhotel“

„Dat lüttje Superloch“*

Stine Peter (Metta Katharina) Axen, geb. Andresen, verwitwete Pfeiffer (1820-1891) und ihre Gastwirtschaft

Eine gute Wirtin ist eine Lebenskünstlerin! Sie „soll äußerlich ansehnlich sein, sie muß aber ebenso ein gewisses Maß an Bildung und Gewandtheit haben, je nach dem Charakter des Geschäfts, sie muß aber ferner auch in ihrem ganzen Auftreten, Reden und Handeln eine selbstverständliche Würde zeigen, die den Geist des Hauses nach außen hin wahrt. Sie soll von morgens früh bis abends spät, manchmal sehr spät im Geschäft stehen, an ihr hängt Küche und Wirtschaft.“ Und auch für sie gilt: „Höre alles und rede wenig!“ Geistesgegenwart und Klugheit brauchte eine Wirtin, und sollte doch einmal ihr „Blut in Wallung“ geraten, so hat sie mit größter Fassung und Ruhe in die Händel ihrer Gäste einzugreifen, um die „heftigen, aufbrausenden Gemüter“ zu beruhigen.

Stine Peter Axen aus Klintum bei Leck/Nordfriesland gehörte zu diesen guten Wirtinnen - und zu den Lebenskünstlerinnen. Eine Kneipe und zwei Töchter hatte sie, aber fünf Männer sollen es auch gewesen sein! Heute geht ein großes Stück Inselgeschichte auf sie zurück und ihre Nachfahren leben noch immer auf Föhr. Wer hätte das gedacht, als sie 1856 den Bäckermeister Christian Dietrich Anton Pfeiffer aus Rendsburg heiratete? In Wyk betrieb er eine Bäckerei (heute: „Lüttje Kök“, Mittelstraße), erkrankte aber schon bald und drei Jahre später starb er in Schleswig, wo man noch versucht hatte, ihm zu helfen.

Nicht lange danach heiratete die Witwe Pfeiffer ein zweites Mal. Peter Broder Axen war der Sohn von Agge Petersen, der in der Großen Straße 8 eine Gastwirtschaft betrieb. Mit ihrem Peter Broder hatte Metta zwei Töchter: Ida Gerdine Charlotte starb mit einem Jahr; ihre zweite Tochter, Ida Gardine Louise, aber wuchs heran und führte später mit ihrem Mann das Wyker „Strandhotel“. Dort nämlich, direkt am Wyker Hafen, betrieb Stine Peter Axen eine kleine Gastwirtschaft, die sie auch

*„Das kleine Säuferloch“

nach dem Tod ihres Mannes Peter Broder Axen nicht aufgab. Schließlich mußte sie für sich und ihre Tochter das Geld zum Leben verdienen, und mit den für Frauen vorgesehenen Arbeiten hatte sie gar nichts im Sinn. Für andere Leute waschen, nähen, putzen und kochen? Nein danke, da wußte sie aber, was sie an ihrer kleinen Wirtschaft am Hafen hatte. Wenn ab und zu auch der Ostwind ganz gewaltig an den Türen und Fenstern rüttelte, daß die Kerzen auf den Tischen der Schankstube wild flackerten, und der Südwestwind das Wasser in den Hafen trieb, wo es zur Sorge von Stine immer höher stieg und mal wieder bis in den Schankraum hineinzukommen drohte, so lag sie doch sozusagen an ‚prominenter' Stelle. Nicht weit entfernt stand das ehemalige „Königshaus", in dem einst König Christian VIII. von Dänemark während seiner Sommeraufenthalte gewohnt hatte, und ihrem Haus schon fast gegenüber lag der extra für Feierlichkeiten angebaute Saal mit den großen Fenstern. „Asssembleen" hatte dort für die feinen Herrschaften stattgefunden. Und bei schönem Wetter war das Königspaar unter den Bäumen die Große Straße hinaufspaziert - die Damen gerüscht, korsettiert und mit unglaublichen Hutgebilden auf dem Kopf, die Herren mit steifem Rücken, Zylinder und ern-

Der Wyker Hafen von Nordosten gesehen:
Das kleine Haus (links) ist wohl „Dat lüttje Superloch"

sten Mienen. Gegenüber von Stine Peter Axens Gastwirtschaft stand seit 1829 die von Konsul Nommen Friedrich Nommensen gebaute Werft. Die starken Pfosten, die das große Werfthaus trugen, stammten von zwei vor List/Sylt gestrandeten Schiffen, deren ganze Holzladung für das Hellinghaus verbraucht wurde. Hier lagen die Schiffe nun viel geschützter als vorher auf den Hellingen am Sandwall vor dem „Wilhelminenbad“ oder neben der alten Hafeneinfahrt vor dem „Lüttjen Superloch“.

Stine Peter Axen wurde eine außerordentlich beliebte Wirtin, der die begeisterten Gäste sogar ein 24strophiges Lied dichteten. Es waren rauhe und laute Männer, die in ihre Schankstube kamen, die jeden Tag in Wind und Wetter schwer arbeiteten und sich abends in Ruhe eine Pfeife anstecken und bei einem kleinen Klönschnack ihre Knochen wärmen wollten. Punsch und Bier lockerten schon bald die Zunge der sonst so wortkargen Männer, und das Stimmengewirr erfüllte die kleine, dunkle und von Rauch geschwängerte Gaststube am Hafen: Stine, komm to uns an de Tisch, vertell wat Niees! Is de Söhn von Hansens immer noch in Shanghai? Mit welche Schipp wull he torüch kamen? Bring hitte Tee mit, ick drink noch en Punsch! Na, dor kümmt Hein, hett sin Grete em doch noch vör de Dör laten! Arme Hund, he hett dat sur to hus, keen Wunner, he fohrt lever to See!“ – Jan, gif mi dien Tass, ick get di noch een in, aber denn is Schluß, hest genoch hat!“* sagte Stine und schob ihrem Gast den Köm hin. Er wußte, das war nur ihre erste Warnung und er würde mindestens noch drei Punsch ‚intus haben‘, bis er sich zu später Stunde dann durch die dunklen Straßen auf den Weg nach Hause machen würde. Stine war eine ansehnliche Person, konnte ordentlich was wegarbeiten und war den meisten Männern, die hier saßen, lieber als die eigene Frau. Schon manches Mal hatte er gedacht, ob sie nicht etwas für ihn wäre. Aber wie sollte er das anfangen? Man munkelte zwar, sie habe nach dem Tod ihres Mannes dem einen oder anderen schonmal ihre Kammertür geöffnet, aber sie wirkte immer so fein, schien immer ein bißchen von ihnen allen ent-

*„*Stine, komm zu uns an den Tisch, erzähl etwas Neues! Ist der Sohn von Hansens immer noch in Shanghai! Mit welchem Schiff wollte er zurückkommen? Bring‘ heißen Tee mit, ich trinke noch einen Punsch! Na, da kommt Hein, hat seine Grete ihn doch noch vor die Tür gelassen! Armer Hund, er hat es sauer zu Hause, kein Wunder, er fährt lieber zur See!“ – „Jan, gib mit deine Tasse, ich gieß dir noch einen ein, aber dann ist Schluß, hast genug gehabt!*“

fernt zu sein, obwohl sie doch ganz nah am Tisch saß. Und einfach seine Hand auf ihre legen, das wagte er nicht. Nun hatte er gehört, sie wolle sich malen lassen. Für wen? Keiner wußte es. Was war das überhaupt für eine ‚vermaledeite' Idee? dachte Jan und ließ seinen Blick über die langsam niederbrennende Kerze durch den niedrigen Schankraum wandern, in dem die Männer saßen, von denen er die meisten schon so lange kannte, wie er lebte. Da hinten saß Wilhelm Rowoldt aus Friedrichstadt, ein Veteran von 1848, der 1850 nach Wyk gekommen war und hier eine Ziegelei betrieb. „Battje" war der Mitbegründer der Wyker Sparkasse und ein geachteter Mann, der auch schonmal in seine eigene Tasche griff, um anderen zu helfen. Eine Schwäche, genaugenommen zwei, aber hatte er: Eine ordentlich Kartenrunde mit entsprechender flüssiger Verpflegung. Und so ging er manchen Abend von seinem Haus die Hafenstraße hinunter zu Stine Peter Axen in „Dat lüttje Superloch". Ein Wirtshausschild, wie die Seeleute es schon in vielen anderen Ländern gesehen hatten, hing nicht über der Tür. Aber wozu auch? Jeder wußte, wo die Wirtschaft war, und es gab keinen Abend, an dem dort nichts los war. Man traf immer jemanden zum Schnacken, und oft sah man dort Männer wieder, die jahrelang zur See gefahren waren und nun direkt und ohne Umweg zu Stine kamen, denn „Ein Seemann kann einen guten Trunk hundert Meilen weit auf See erschnuppern!"

Die Wirtin Stine Peter Axen

„Dat lüttje Superloch!" Ob das wohl einer von Stines Scherzen war? Sollte das wohlmöglich etwas mit den Männern in der Schankstube zu tun haben? Naja, immer noch besser als der Name der Hamburger Wirtschaft „Zum schmierigen Löffel", überlegte Jan und gab die Idee, mit der Wirtin ein wenig anzubandeln für diesen Abend auf. Wenn er allerdings daran dachte, daß man einige Wirte in Hamburg auch „Kömkocher“ nannte, dann könnte er sich doch noch einen genehmigen, mal seh‘n, ob Stine noch ein bißchen heißen Tee hatte...

Und zum Schluß

Das 24strophige Lied auf die Wirtin Stine Peter Axen wurde nicht aufgeschrieben und ist heute vergessen.

Stine Peter Axens Tochter Ida Gardine Louise heiratete Heinrich Boysen aus Langenhorn/Nordfriesland, der 1888 das Haus übernahm und zu einem stattlichen Jugendstilhaus umbaute. Unter der Führung von Julius Petersen, der 1904 das „Strandhotel“ von Boysen kaufte, wurde das Haus zu einem Hotel ersten Ranges.

Das alte „Strandhotel“ mit der Flunk im Vordergrund. Im Ruderboot sitzen Hans Volquardsen und Carl Christiansen

Klönschnack auf dem Walkieferknochen

Hanna Schneider, geb. Boetius (geb. 1917) Wirtin im „Fährhaus“

„Während des Krieges ist die Mehrzahl der deutschen Nordseebäder, sowie die belgische Küste unzugänglich, und auch eine Reise nach Holland umständlicher als sonst. Die Insel Föhr ist wegen ihrer Lage im Wattenmeer von militärischen Maßnahmen weder bisher noch voraussichtlich künftig berührt. Die Verbindung mit dem Festland war seit Kriegsanfang nie unterbrochen; die ganze Zeit über waren Kurgäste anwesend.“ So warben die Nordseebäder auf Föhr, nämlich Wyk und Südstrand, 1915 für sich und gaben auch gleich einige wichtige Hinweise zur Anreise: „Der Landweg über Niebüll-Dagebüll ist der kürzeste und während des Krieges allein benutzbare. Fahrzeit Hamburg-Wyk 6 Stunden. Seefahrt 40 Minuten. ... Der Seeweg über Helgoland fällt im Krieg aus.“ Und außerdem gab der „vom General-Kommando des IX. Armeekorps freigegebene“ Badeführer bekannt: „Im Kriegsjahr halbe Kurtaxe!“ Denn schließlich war Erholung jetzt wichtiger als je zuvor: „Der Krieg fordert, daß wir uns frisch und kräftig erhalten für die Aufgaben, die unser noch warten. Für die verwundeten und erschöpften Kriegsteilnehmer muß der Reichtum der Heimat an Heilschätzen ausgenützt werden. Doppelte Sorgfalt ferner ist angezeigt für das heranwachsende Geschlecht, dessen vorige Sommerferien der Krieg gekürzt hat und von dessen Leistungsfähigkeit einmal die Zukunft des Vaterlandes abhängt. ... Als Quell der Kraft ist darum die Nordsee auch im Kriegsjahr nicht zu entbehren.“

Die Nordseebäder Wyk und Südstrand waren während des 1. Weltkrieges die einzigen, die an der Nordseeküste geöffnet hatten, und die Gäste kamen trotz des Krieges: Nach dem Tiefstand von 1915 (2463 Gäste) und 1916 (3420 Gäste) verzeichnete man im letzten Kriegsjahr (1918) schon wieder 7539 Kurgäste, also nur etwa 3000 weniger als vor Beginn des Krieges, 1913. Föhr war beliebt, und Wyk bot den kriegsmüden Menschen ein Stückchen Idylle, die auch von Kriegsgewinnlern und „Modedamen vom Kurfürstendamm in Berlin" nicht gestört werden konnte: „Das Städtchen ist freundlich und anheimelnd angelegt, und gerade von der erschreckenden Kulturlosigkeit mancher in der Gründerzeit emporgeschossenen Bäder fehlt jede Spur. Sein gutbürgerliches, solides Gepräge, dem das Nervenzermürbende mondäner Modebäder fehlt, zeigt sich so recht, wenn abends am Strande vor dem Kurhaus das Konzert der Kurkapelle die Badegäste vereint, unter denen nicht wenige sind, deren Urgroßeltern schon in den verschollenen stillzufriedenen Tagen des Biedermeiers mit Postkutschen nach Föhr gezogen sind. Abend am Wyker Strande - wie schön ist es dann, unter den alten Ulmen des Sandwalls zu träumen!"

Der Badeführer von 1915 wies die Quartiersuchenden darauf hin, daß die meisten Hotels am Sandwall lagen und „einige weitere an den beiderseitigen Fortsetzungen südlich an der Strandpromenade, nördlich am Hafenplatz." Dort stand mit Blick auf den Hafen und das Hellinghaus der Wyker Werft das „Fährhaus" von Broder Brodersen. Schon 1897 hatte er „dem verehrten reisenden Publikum" seinen „in unmittelbarer Nähe des Hafens und der Landungsbrücke gelegenen, im vorigen Jahre gänzlich umgebauten und renovierten Gasthof" zur Übernachtung angeboten. Mit dem Hinweis „Elektrisches Licht in allen Räumen" empfahl er seine hohen, geräumigen Zimmer, die guten Betten, die feine Küche und garantierte „aufmerksamste Bedienung". Auch auf das „elegante Lohnfuhrwerk" machte er aufmerksam und empfahl es „zur gefälligen Benutzung angelegentlichst". Bei Broder Brodersen konnten nicht nur die Menschen ein Logis finden, sondern auch die Pferde. Er betrieb nämlich bei seinem „Fährhaus" einen Ausspann für diejenigen, die mit Pferd und Wagen von ihren Dörfern nach Wyk kamen. Und wenn etwas nicht in Ordnung war, konnte man Brodersen gleich um Rat fragen, denn er hatte sich über die Jahre so manche Kenntnis angeeignet und war auf der Insel allgemein bekannt als „Tierdoktor". Über viele Jahre soll eine alte Frau den Ausspann geleitet haben, man nannte sie „Sinje Fährknecht".

Und für die komische Bewegung, mit dem sich ihre eine Hand nach hinten drehte, hatten die Wyker Jungs, die dort oft herumstanden und ihre Kofferträgerdienste anboten, auch eine Erklärung: Das konnte nur vom häufigen Trinkgeldkassieren kommen.

In den zwanziger Jahren des letzten Jahrhunderts betrieb Broder Brodersens Tochter Anna Hülsdau das „Fährhaus", bis schließlich der gelernte Konditor und Elektriker Rehm aus Kiel zusammen mit seiner Frau das Haus übernahm und dort sein Elektrogeschäft und eine Werkstatt einrichtete. Eines Tages trafen er und seine Frau am Sandwall Hanna Schneider, deren Bruder Arndt Boetius bei Rehm als Elektriker gearbeitet hatte. Man kam ins Gespräch, und bald stellte sich heraus, daß Rehms gerne das „Fährhaus" verkaufen wollten.

Hanna, die Enkelin des Reedereigründers Steffen-Heinrich Boetius, ist die Tochter von Engellene und Eduard Boetius, der von 1910-1929 die Geschäfte der „Wyker Dampfschiffs-Reederei" leitete. Nach dem frühen Tod von Hannas Vater vermietete Engellene Boetius Zimmer an Badegäste in ihrem Haus „Pidder Lyng" im Stockmannsweg und erhielt für die Vollpension (Frühstück, Mittagessen mit drei Gängen, abends eine warme Vorspeise und anschließend Aufschnitt) 7,50 Mark. Ihre Tochter Hanna heiratete den aus Hadersleben gebürtigen Kapitän Emil Schneider, der vor dem 2. Weltkrieg auf Walfang in die Antarktis gefahren war und nun, Ende der 40er Jahre, zusammen mit seiner Ehefrau die Restauration auf den Schiffen der W.D.R. betrieb. Eigentlich hatte das Ehepaar Schneider damit genug Arbeit, aber Hanna Schneider lockte das „Fährhaus". Sie empfand es zwar schon damals als „alt, schlecht gebaut und überhaupt

Das „Fährhaus" zu Broder Brodersens Zeiten, 1897

nicht anziehend", aber man konnte was daraus machen, und Hanna Schneider machte!

Weiße Korbstühle, bunte Blumentischdecken und eine liebevolle Tischdekoration brachten Licht und Farbe in das alte „Fährhaus". Kleine Karten auf den Tischen wiesen die Gäste schon montags darauf hin, daß jeden Donnerstag das beliebte Muschelessen stattfand. Bei Hanna Schneider kamen die Muscheln direkt aus den im Meerwasser lagernden Säcken auf den Teller des Gastes. Auf zwei Arten bot sie die Muscheln an. Bestellte man die „Rheinische Art", so waren die Muscheln umgeben von Suppenkraut und gewürzt mit Pfeffer im eigenen Sud gegart; auf „Französische Art" wurde das Muschelfleisch mit Weißwein abgeschmeckt und zubereitet.

Zu den Gästen des „Fährhauses", die auch übernachteten, gehörte eine Schleswiger Theatertruppe, die einmal im Monat für eine Aufführung nach Föhr kam. Einige haben sich mit Sprüchen und witzigen Zeichnungen im Gästebuch verewigt, andere blieben Hanna Schneider schon deshalb in Erinnerung, weil sie abends nach der Vorstellung erst so richtig loslegten, sich Essen bestellten, „soffen" und nachher nur noch mühsam ihr Bett fanden. Das waren lange Nächte, und am nächsten Tag

Das „Fährhaus" in seiner Umgebung (rechts: „Börse", links: „Strandhotel") vor dem Neubau der Häuser in der Königstraße

ging schon wieder früh der Betrieb los. Hanna Schneider leitete das „Fährhaus" allein und war für alles zuständig – für Küche, Hotel und Restaurant. Eine Hilfe war ihr „Faktotum" Matthäus aus der Friedrichstraße und die Frauen in der Küche, zu denen Anni Gail, Ruth Nebel und Lenchen Ingwersen gehörten. Und wenn der Abwasch mal nicht so recht von der Hand gehen wollte, dann stimmte Lenchen das immer gleiche Lied an und schon ging es nach dem Takt ganz flott weiter im Trott.

Zu den Wyker Gästen gehörten der Schiffer Jan Benck und der Seehundjäger Peter Lund, genannt „Schnufke", aber auch Hans-Hinrich Stammer und seine Frau Elli sowie deren Nachbarn „Hinne Fietsche" (Hinrich Friedrichs) und Frau aus der Hafenstraße, die gerne Teepunsch tranken und zu den bemerkenswerten Menschen gehören, von denen die Einheimischen noch heute erzählen. Schon ihr Haus in der Hafenstraße sorgte für Gesprächsstoff, denn es stand so schief, daß runde Gegenstände nicht auf den Tischen abgelegt werden konnten - sie kullerten hinunter. Auch einige der Muschelfischer kamen ins „Fährhaus" auf einen kleinen Klönschnack, tranken Punsch und sprachen über die alten Wyker Zeiten. Schuldiener Marius Jörgensen, an den sich Hanna Schneider noch gut aus ihrer Schulzeit erinnerte - „Er war immer sehr nett zu uns." - gehörte ebenso zu ihren Gästen. Und wenn er zusammen mit einigen anderen Männern draußen vor dem „Fährhaus" auf dem Walkieferknochen saß, mag auch die ganz spezielle Geschichte einer Verwechslung wieder erzählt worden sein: Neben seiner Arbeit als Schuldiener gehörte es zu Marius Jörgensens Aufgaben, den Glockenturm zu läuten, wenn Verstorbene nach Boldixum überführt wurden. Daß er einem oder mehreren kräftigen Schlucken keineswegs abgeneigt war und so manches Mal nicht das rechte Maß finden konnnte, war bekannt. Und so verließ Marius Jörgensen eines Tages nach vergnüglichen Stunden im „Haus der Landwirte" (Ecke Große Str./Hafenstr.) sehr beschwingt und bester Stimmung die Gaststube. Plötzlich aber hatte er es ganz fürchterlich eilig. Die Badestraße hinunter kam ihm der Leichenwagen entgegen, und er hatte das Läuten ganz vergessen! Flotten Schrittes gelangte er zum Glockenturm und waltete an diesem Tag besonders kräftig seines Amtes. Auf der Straße aber liefen die Leute zusammen: Wer war denn gestorben? Man hatte doch gar nichts von einem Todesfall gehört! Wieso läuteten die Glocken? Schnell klärte sich der Fall auf: Marius, benebelt vom ausführlichen Gastwirtschaftsbesuch, hatte einen Mistwagen für den Leichenwagen gehalten und gab ihm nun kräftig läutend das letzte Geleit Richtung Boldixum.

Viele dieser „Wyker Originale“ kannten einander seit Jahrzehnten mit ihren „Oekelnamen“, d.h. „Wer opfull dör Beruf, Hobby, Gestalt oder lüttje Schwächen, kreeg dat glieks mit an de Naam anbackt.“* Und so liefen denn für sie Jan „Appel“ (Apfelhändler), Sönke „Swien“ (Viehhändler), Hans „Halligmann“ (kam von der Hallig), Korl „Fisch“ (Fischhändler), Fritz „Radio“ (verkaufte Radios) und Julius „Kunst“ (Tischler) durch Wyk, trafen Fritz „Strandhotel“, schnackten mit Kalli „Fleut“ und Martens „von de Schaapstall“**. So mancher Döntjes machte die Runde, und im Gelächter der Männer wurden im „Fährhaus“ die Punschtassen nochmal nachgefüllt, man steckte die Pfeife an, lehnte sich behaglich zurück und hörte mit schmunzelnden Augen den Geschichten zu. Viele davon kannte man schon, aber sie wurden bei jedem Erzählen schöner. Mit Marius Jörgensen zusammen auf der Walknochenbank draußen

Auf dem Walkieferknochen, v.l.: Johannes Asmus, „Tedje“ (Theodor) Sönksen, Sievert Osning, Marius Jörgensen, Georg Schäfer, „Kasche“ (Christian) Brodersen

"Wer durch Beruf, Hobby, Gestalt oder kleine Schwächen auffiel, bekam das gleich mit an den Namen rangehängt."

**„vom Schafstall“*

vor dem „Fährhaus“ saß manchmal auch Sievert Osning, der Enkel des Reedereigründers Sievert Broder Volquardsen, der vom anderen Ende des Sandwall (Nr. 72) gemächlichen Schrittes hinunter zum „Fährhaus“ ging und auf dem Weg dorthin manchmal Benno Petersen, Besitzer der bekannten und beliebten „Villa Irma“, traf. Sie hielten einen kleinen Klönschnack über die Neuigkeiten des Tages und gingen dann zusammen ein Stück weiter, nachdem Sievert Osning gemeint hatte: „Benno, laß‘ mich neben Dir gehen, damit Dein Glanz auf mich abfällt!“

Bis 1957 führte Hanna Schneider das „Fährhaus“ und zählte in diesen Jahren auch die Wyker Lehrer Otto Schaller, Karl Uhlig, Gottfried Schlotfeldt und Paul Wentorp zu den Stammgästen, die sich in ihrem Gästebuch eintrugen. Sieben Jahre später verlor sie durch einen tragischen Unglücksfall ihren Ehemann, der als Kapitän für die Rendsburger Reederei des Föhrers Knud Knudsen fuhr. Für Hanna Schneider und ihre Söhne begann ein neuer Lebensabschnitt...

Und zum Schluß

Der Walkieferknochen, auf dem die Wyker Männer so gerne draußen vor der Tür des „Fährhauses“ saßen, befindet sich nicht mehr auf der Insel. Kapitän Hans-Peter Feddersen konnte seinem Freund Emil Schneider den Walkieferknochen eines Tages ‚abschnacken‘ und nahm ihn mit auf seinen Feddersenhof im Kleiseerkoog/ Nordfriesland.

Die Walkieferknochen mit Schiffsschraubtür auf dem „Feddersenhof“

Dort bildet der inzwischen mit Glasfiebermatten unsichtbar konservierte Walkkieferknochen noch heute die Pforte zu einem kleinen Weg im Gelände des Hofes von Hans-Peter Feddersens zweiter Frau Margret Feddersen.

Große Straße 27

„Immer, wenn es spannend wurde ..."

Die Weltreisen der Therese Becker (1856-1940)

Ein „tumpiger" Bräutigam, Abenteuerlust und Fernweh, der Hang zum Anderssein, die Inselenge, der Missionsgedanke und die Furcht vor den erstickenden Einschränkungen, denen sie im 19. Jahrhundert unterworfen waren: Frauen hatten viele Gründe, sich auf den Weg in die weite Welt zu machen. Über zwei Eigenschaften aber mußten sie alle verfügen, sie brauchten Mut und Durchhaltevermögen. Das Reisen war in den Augen der meisten Menschen eine Männerangelegenheit, bei der Frauen lediglich das An- und Abreisepublikum zu spielen hatten. Frauen dagegen, die den häuslichen Kreis verließen, benahmen sich unschicklich, unmoralisch oder bestenfalls noch exzentrisch. Solche „Verdrehtheiten" gehörten sich einfach nicht und wurden von der Familie meistens unterbunden. Noch am Ende des 19. Jahrhunderts klagte eine junge Engländerin, sie habe seit fünf Jahren das Haus nicht mehr allein verlassen dürfen.

Und so war es auch auf der Insel Föhr, wo man schon so vielen Insulanern, die ihr Glück in Amerika machen wollten, am Hafen nachgewunken hatte, eine Neuigkeit, über die man sprach, als Therese Becker am Ende des 19. Jahrhunderts ihre Heimatinsel verließ. Schließlich war sie eine alleinstehende, junge Frau, die nicht einem Bräutigam oder Ehemann nachfolgte, sondern auf ganz eigenen Füßen stand und sich nun aufmachte, die Welt kennenzulernen. Und wer wußte zu dieser Zeit schon etwas von ihren Zeitgenossinnen? Von der Schweizer Lehrerin Lina Bögli, die in Australien und Amerika unterrichtete, von Isabelle Eberhardt, die in Männerkleidern durch die Sahara ritt oder Alexandra David-Néel, die durch China, Indien, Nepal, Tibet reiste und dabei den Dalai Lama und Mahatma Gandhi traf? Therese Becker zog es in die Welt hinaus und vielleicht hatte sie das Reisen in die Ferne und die Neugierde auf das Fremde einfach geerbt.

Ihr Vater, der Barbier und Wundarzt Johann Ludwig Becker war 1853 von Erfurt nach Föhr gekommen, heiratete Maria Jürgens aus Boldixum und machte sich auch bald einen Namen auf der Insel. Er war der Einzige, zu dem man gehen konnte, wenn die Zahnschmerzen unerträglich und unbehandelbar waren. Becker half den Geplagten und zog ihnen den Zahn. In einem Zeitungsbericht heißt es über ihn: „Lange Jahre versah Becker in den Jahren bis zur Jahrhundertwende seine Praxis mit Aderlassen und Schröpfkopfsetzen. Den bekannten Föhrer Ärzten Dr. Hitzcher, Dr. Kroll, Dr. Schröder und später Dr. Gerber assistierte er bei vielen Operationen, und nicht nur die älteren Leute mit Furcht vor Schlaganfällen, sondern auch die jungen Landarbeiter, die aus den Festlandsbezirken zur Arbeit nach Föhr kamen, nahmen regelmäßig seine Dienste in Anspruch, um sich vor der anstrengenden Feldarbeit bessere Widerstandskraft durch einen „Aderlaß vom Becker" zu holen."

Und auch auf andere Art machte Johann Ludwig Becker von sich Reden: Als „bewußt deutsch fühlender Patriot" war er nach Föhr gekommen, das zu dieser Zeit unter der strengen dänischen Herrschaft stand. Und die Zukunft der Friesen sah düster aus: Es durfte nur noch dänisch gesprochen werden, Lehrer und Beamte wurden aus politischen Gründen entlassen und des Landes verwiesen - auf Föhr machte sich Unmut und offener Widerstand breit.

Im Februar 1864 kam es zu offenen Demonstrationen gegen den ungeliebten Landesherrn: Der Danebrog, die dänische Flagge, wurde vom Zollhaus geholt, das Zollschild entfernt. Und Johann Ludwig Becker hißte die deutsche Flagge! Das war Landesverrat, und Becker wurde umgehend arrestiert und auf das Kanonenbott von Kapitän Otto Christian Hammer, das vor Föhr auf Reede lag, gebracht. Die Familie blieb im Ungewissen über das Schicksal des Familienoberhaupts, bis die dänischen Truppen schließlich kapitulierten und Kapitän Hammer seinen Standort endgültig räumen mußte. Er verließ Föhr mit seiner Flotte, und Therese Beckers Vater kehrte zu seiner Familie zurück. Die Sieger wurden mit Ehrenpforten, Dankgottesdiensten in St. Nicolai und ausgelassenen Tanzveranstaltungen geehrt. Und den Geburtstag des österreichischen Kaisers Franz-Joseph feierte man auf Föhr auch: am 18. August 1864 mit den

Österreichische Jäger feiern in einer Wyker Schenke

Steirischen Jägern, die zusammen mit den preußischen Truppen die Dänen nach Hause gejagt hatten.

Therese war zu dem Zeitpunkt dieser Ereignisse noch ein kleines Mädchen, und es dauerte noch einige Jahre, bis sie sich auf den Weg nach Amerika machte. Neben Schulbesuch, Helfen im Haushalt und Botengänge für den Vater, lernte sie das Nähen und Schneidern. In Amerika kaufte sie sich eine handbetriebene Nähmaschine, mit der sie sich in New York und Chicago ihren Lebensunterhalt verdiente und dabei fast nebenher auch noch Englisch lernte. Sie blieb einige Jahre dort, kehrte aber im Gegensatz zu drei ihrer Geschwister, die auch ausgewandert waren, wieder zurück nach Föhr. Ihre Schwester Emma hatte inzwischen Jakob Friedrich Holm aus der Großen Straße geheiratet; der gemeinsame Sohn Hans betrieb später das Delikatessengeschäft Holm am Glockenturm, das für seine besonderen Oster- und Weihnachtsdekorationen bekannt war. An manche Weihnachtsabende erinnert sich dessen Tochter Anna-Marie noch heute ganz besonders: Die letzten Kunden hatten das Geschäft ihres Vaters verlassen, der Laden war aufgeräumt und die Tür fest verschlossen - endlich war auch Weihnachten für die Familie. Den Heiligabend feierten Holms zusammen mit den alleinstehenden Frauen in der Verwandtschaft: Pauline Osning, geb. Volquardsen, die Tochter des Wyker Reeedereigründers und Schwiegermutter von Hans Holm; seine Schwester, die Putzmacherin Maria Holm, und seine Tante Therese Becker. Sie war die Älteste am Tisch, hatte am meisten von der Welt gesehen und konnte viel erzählen.

In die ruhige Inselweihnacht brachte sie mit ihren Berichten über Reisen in weit entfernte Länder, deren Name allein schon nach Abenteuer klang, einen Hauch von Exotik. Von Speisen, deren Zutaten nicht einmal der Delikatessenhändler Holm kannte, von feinsten Seidenstoffen, die sie für ihre Herrschaft verarbeitet hatte, und von dem morgenlichen Ruf des Muezzins, der die Betenden in die Moschee rief, erzählte sie und geriet dabei ins Schwärmen von den vielen Jahren, die sie im Ausland verbracht hatte.

Therese Becker berichtete an diesen kalten Winterabenden an der Nordsee von Palmengärten, in denen Pfirsiche und Feigen gedeihen, von jungen Bräuten mit goldenen Nasenringen und erklärte den Brauch, einen Milchzahn zur Sohne zu werfen.

Therese Becker blieb nämlich nach ihrer Rückkehr aus Amerika nur für kurze Zeit auf ihrer Heimatinsel. Eine Engländerin engagierte die weltgewandte, englischsprechende Föhrerin, die zudem noch hervorragend schneidern konnte, als Gesellschafterin. Von der täglichen Hausarbeit durch reichlich Dienstpersonal entlastet, pflegte die Dame des Hauses einen demonstrativen Müßiggang, der sich in Klavierspiel, komplizierter Handarbeit, Plauderstündchen, Spaziergängen, gelegentlicher Lektüre, Abendgesellschaften und Reisen äußerte. Thereses fand als Gesellschafterin der englischen Lady ein reichhaltiges Betätigungsfeld vor und nahm in ‚ihrer' Familie eine wichtige Stellung ein. Sie begleitete ihre Herrschaft auf Reisen bis nach Ägypten und Ostasien, von wo sie neben vielen anderen Andenken auch eine kleine, landestypisch verzierte Dose für ihre Verwandtschaft auf Föhr mitbrachte. Das Hausboot ihrer Herrschaft auf dem Nil wurde für Therese Becker zum Ausgangspunkt vieler interessanter Entdeckungen in Ägypten: die Pyramiden, Kamele, heißer Wüstensand, stark gezuckerter Tee und verschleierte Frauen. Abgeschlossen, kaum des Lesens und Schreibens mächtig, ohne öffentlichen Einfluß und zum Leben als x-te Ehefrau eines Mannes bestimmt, dem die Vielweiberei als ein selbstverständlicher Teil seines Daseins galt, lebten sie ein Leben weit entfernt von Therese Beckers Selbständigkeit und Reiselust. Auch wenn manche den Unterricht der ägyptischen Mädchen fördern wollten, es herrschte doch immer noch das alt Hergebrachte vor. Und so beklagte sich ein Ägypter darüber, daß er dem Begräbnis seiner ersten Ehefrau beiwohnen mußte, die

Die weitgereiste Therese Becker

er vor vierzig Jahren geheiratet und deren Existenz er ganz vergessen hatte.

Nicht alle Geschichten, die Therese Becker an diesen gemütlichen Abenden im Hause Holm erzählte, waren für die Ohren der Mädchen bestimmt, und zu Anna-Maries großem Bedauern wurde sie für ihren Geschmack viel zu früh ins Bett geschickt, nämlich „immer, wenn es spannend wurde...".

Therese Becker hatte gut verdient und einiges an Geld zurücklegen können, als sie schließlich für immer nach Föhr zurückkehrte. Zusammen mit ihrer Mutter baute sie am Südstrand das „Haus Hilligenlei" und bot es den immer zahlreicher werdenden Kurgästen als Unterkunft an: „Empfehle 7 bis 8 Zimmer oder 2 Familien-Wohnungen mit Küche in meinem neuen Hause, nahe dem Südstrand und dem Lembkehain. Modern eingerichtet. Elektrisches Licht. Wasserleitung." Nach dem Tod der Mutter verkaufte sie das Logierhaus und zog in die Große Straße 27. Ihre Nähmaschine, die mit ihr von Chicago nach Föhr zurückkehrte, gelangte über verschiedene Zwischenstationen vor einigen Jahren wieder in die Familie zurück und steht nun im Haus von Anna-Marie Holm. Und dort gehören auch Therese Beckers Scarabäus, die Öllampe und die Wasserflasche aus Ägypten zu den Erinnerungsstücken an eine weitgereiste Föhrerin, der die „Föhrer Zeitung" 1935 anläßlich ihres Geburtstages unter der Rubrik „Das Familienfest" einen Artikel widmete.

Und zum Schluß

Während ihres Englandaufenthalts ließ sich Therese Becker in Brixton/London von dem „Photo Artist" Burnham in der „Atlantic Road, Opposite the Railway Station" fotografieren. Die Nachfrage in Londoner Archiven, die eine Tür zu Therese Beckers unbekanntem Leben im Ausland hätte öffnen können, blieb ergebnislos.

Therese Beckers „Haus Hilligenlei" am Südstrand, 1927

Sandwall 4

Hoher Besuch zur Sommerfrische

Kronprinzessin Viktoria (1840-1901), von ihren Eltern „Vicky" genannt und später als Witwe bekannt unter dem Namen „Kaiserin Friedrich"

Mit 15 Jahren war Vicky, die Tochter von Queen Viktoria und Prinz Albert, in den Augen des preußischen Kronprinzen Friedrich Wilhelm „allerliebst". Daß sie allerdings „merkwürdig stark [dick] für ihr Alter" war, ließ ihn zwar seufzen: „Wenn sie nur wachsen wollte!", aber im Grunde störte es den Kronprinzen ebensowenig wie die Tatsache, daß Vicky „den Kopf eines Mannes" hatte. Sie galt als ausgesprochen intelligent, eloquent und sehr befähigt für die Aufgaben einer Regentin. Mit seinen modernen Ansichten, seiner liberalen Einstellung und den zahlreichen und anspruchsvollen Arbeiten als zukünftiger Herrscher brauchte Kronprinz Friedrich Wilhelm genauso eine Frau. Er war „ganz entzückt" von den Gesprächen mit Vicky und bemerkte in seinem Tagebuch, ihr „Mund ist viel hübscher geworden". Sie war keine „Beauté", und der Kronprinz schrieb: Ich „finde ihre Züge, so wie ich's gern habe bei jemandem, auf dessen brillierendes Äußeres es nicht ankommt". Gleich nach Vickys Konfirmation im April 1856 wurde die Verlobung bekanntgegeben, zwei Jahre später fand die Hochzeit in der Kapelle des St. James Palasts statt. Der Abschied von zu Hause fiel Vicky unendlich schwer. „Von Ihnen getrennt zu sein, kann und will ich mir nicht vorstellen", schrieb sie ihren Eltern und dachte mit Wehmut an die ungezwungene Atmosphäre in ihrer Familie.

Ihr neues Zuhause war wenig einladend. Das Alte Schloß in Berlin besaß nichts Behagliches, die Räume waren dunkel und unfreundlich, die preußischen Stiefel und Uniformen stießen Vicky ab und vor allem: Es gab keine Badezimmer! Ihre Heimat blieb England, eine Preußin konnte und wollte sie nicht werden. Vicky hatte Heimweh und machte sich mit dem Satz „in England ist alles besser" keine Freunde bei Hof, wo man ohnehin mißtrauisch auf diese Engländerin schaute. Ihrem Vater schrieb sie: „Ich kann Dir gar nicht sagen, lieber Papa, wie sehr mir auf so vielen Gebieten die Schuppen von den Augen gefallen sind, seitdem ich verheiratet bin." 1859 brachte Kronprinzessin Viktoria ihr erstes Kind zur Welt: Wilhelm. Komplikationen bei seiner Geburt führten zu einer lebenslangen Behinderung des linken Arms. Der Mutter des kleinen Jungen fiel es schwer, ihn so anzunehmen wie er war. Sie schämte sich für dieses unvollkommene Kind und entzog ausgerechnet ihm, der so sehr ihrer Unterstützung bedurft hätte, ihre Zuneigung. Sie wollte ein Kind, „das in jeder Beziehung perfekt ist wie jedes andere" und bekam insgesamt acht Kinder in 13 Jahren, die sie zum Entsetzen des preußischen Königshauses selbst stillte.

Von Föhr heißt es zu dieser Zeit: „Es schien, daß sich unter den neuen Verhältnissen nach 1864 die Hofluft wieder in Wyk ausbreiten sollte, denn oft erschien in den folgenden Jahren der sympathische, liberal gesinnte preußische Kronprinz Friedrich Wilhelm mit seiner Familie in Wyk." Im Jahre 1865 nahm das Kronprinzenpaar Quartier im Haus (Sandwall 4) des Bäkkermeisters Wilhelm Schröder, der erst zwei Jahre zuvor von Uetersen nach Föhr gekommen war. Er heiratete in erster Ehe Marie Catharina Boetius, die Tochter von Johann Arndt Boetius und seiner Frau, der Kapitänstochter Lena Christina Aggens.

Kronprinzessin Viktoria

Mit seinem Schwiegervater lernte Wilhelm Schröder einen ungewöhnlichen Mann kennen. Johann Arndt Boetius kam als Sohn des ersten Boetius auf der Insel, des Bäckermeisters Henning Boetius aus Sonderburg/Alsen und seiner Frau Pauline, zur Welt und wuchs in der Hafenstraße 14 auf. Die Bäckerei seiner Eltern befand sich in der Großen Straße (heute: Bäcker Jensen). Damit hatte Johann Arndt allerdings nicht sehr viel im Sinn. Er besaß viel Phantasie und reichlich Talent für die unterschiedlichsten Dinge. Sein Hobby war die Lösung schwieriger technischer und mathematischer Probleme, außerdem konnte er hervorragend zeichnen. Aus Messing baute er sich selbst einen Fotoapparat, plante das erste Wasserleitungssystem in Wyk und konstruierte ein Planetarium, an dem die Kinder der Wyker Schule später die Gestirne kennenlernen und mit einer Schnur bewegen konn-

„Haus Meinert"
mit seinem Garten bis zum Strand

ten. Er unterrichtete seine Kinder selbst und bestimmte auch die beruflichen Wege seiner Söhne. So fuhr sein Sohn Steffen-Heinrich, der im Haus seiner Großeltern in Hafenstraße zur Welt gekommen war, schließlich mit 16 Jahren zur See und kam hinaus in die Welt, die ihn seit jeher am meisten interessiert hatte. Später ging er als einer der Gründer der „Wyker Dampschiffs-Reederei" in die Inselgeschichte ein.

Im Haus von Johann Arndt Boetius' Schwiegersohn Wilhelm Schröder bezog die königliche Familie 1865 Quartier, und die Backwaren des Hausherrn fanden „die Anerkennung der höchsten Herrschaften". Zum Weihnachtsfest 1872 erhielt die Familie ein ganz besonderes Geschenk aus der Hauptstadt des ein Jahr zuvor gegründeten Deutschen Reiches: „Seine Kaiserliche und königliche Hoheit, der Kronprinz des Deutschen Reiches und von Preußen, hat den Bäcker und Conditor Wilhelm Schröder in Wyck (auf der Insel Föhr) zu Höchst Seinem Hof-Lieferanten ernannt und will demselben zugleich das Recht ertheilen, Höchst Seine Wappen, wie sie diesen Diplom vorgedruckt sind, der Firma beizufügen." Zwei Kronen und zwei Adler rahmten von nun an das Schild (heute im Wyker Friesenmuseum) vor dem Laden der Bäckerei Schröder in der Großen Straße: „Wilhelm Schröder - Hoflieferant - S. K. u. K. Hoh. des Kronprinzen - des Deutschen Reiches - u. v. Preußen."

1873 kamen Kronprinzessin Viktoria und ihr Mann wieder zur Sommerfrische nach Föhr, wohnten nun aber im „Haus Meinert" (heute: neben „Café Valentino" in Richtung Hafen), dessen Garten als der schönste der Insel galt. Schon bald sprach sich die Anwesenheit des Kronprinzenpaares herum, und Georg Weigelt mußte einschreiten. Er schrieb dem Ortsvorsteher: „Es ist von Seiten der allerhöchsten Herrschaften Klage darüber geführt worden, daß der Wall an Meinerts Garten mit Neugierigen besetzt ist, die in den Garten hineinschauen. Ich ersuche Sie hierdurch ergebenst, an den beiden Enden des Walles möglichst bald 2 Pfähle mit Schildern anbringen zu lassen, etwa mit der Inschrift: Das Betreten des Gartenwalls ist verboten von Polizei wegen."

Im Haus des Hoflieferanten Schröder beklagte man den Tod seiner Frau Maria Catharina. 1874 heiratete er Pauline Krap, die Tochter des Kapitäns und Navigationslehrers Wilhelm Krap und seiner Frau Eike Sophie. Paulines Tante war die Frau des Reedereigründers Sievert Broder Volquardsen, und so wurde Wilhelm Schröder in zweiter Ehe mit dem anderen Reedereigründer verwandt.

Kronprinzessin Viktoria verlor 1888 ihren an Kehlkopfkrebs erkrankten Mann, der als 99-Tage-König des „Dreikaiserjahrs" in die Geschichte einging. In ihr Tagebuch schrieb die Frau, die sich von nun an „Kaiserin Friedrich" nannte, über diesen unerträglichen Verlust: „Warum tötet ein solcher Schmerz nicht auf der Stelle?" Das gemeinsam bewohnte Schloß mußte sie verlassen und konnte schließlich 1893 Schloß Friedrichshof in Kronberg/Taunus beziehen, das sie nach ihren Wünschen und Plänen hatte gestalten lassen. Sie fühlte sich auf Schloß Friedrichshof zeitlebens sehr wohl und verbrachte dort die meiste Zeit des Jahres. Wenn ihr Sohn Wilhelm sie auch so weit wie möglich von allen öffentlichen Auftritten fern hielt, so verfolgte die aufmerksame „Kaiserin Friedrich" doch genau das politische Geschehen und schrieb am 4. Juli 1900 über ihren Sohn: „Der liebe Wilhelm hat wieder eine neue Rede mit viel Gedröhn losgelassen".

Pauline Schröder, die zweite Frau des Hoflieferanten

Und zum Schluß

Die Initialen „HB" und „PB" am Giebel des Hauses Hafenstraße 14 erinnern noch heute an den Bäckermeister Henning Boetius und seine Frau Pauline Boetius.

Sandwall 11: „Haus Häberlin"

Hausdame des Professors oder mehr?

Hanna (Johanna Margarethe) Carstensen (1873-1953)

Der Kunstmaler Carsten Carstensen aus Niebüll/Nordfriesland ist heute nur noch wenigen Menschen bekannt, denn seine Bilder blieben fast ausschließlich in seiner Familie und sind außerdem unsigniert. Er fertigte vor allem Porträts seiner Angehörigen an, übte sich aber auch im Darstellen friesischer Interieurs. Daß er sich dabei an seinen bekannten Malerkollegen aus dem Nachbarort Deezbüll, den fast gleich alten Carl Ludwig Jessen, anlehnte, führte im Niebüller Museum zeitweilig zu Irritationen über die Herkunft des Jessen-Bildes „Die neunzigjährige Spinnerin".

Von den fünf Kindern des Ehepaares Maria und Carsten Carstensen erbte die Tochter Hanna das Talent des Vaters. Anläßlich des 70. Geburtstages von Hanna Carstensen hieß es in der „Föhrer Zeitung" vom 12. 1. 1943: „Da die Jubilarin gut zeichnen und malen konnte, hat sie für Dr. Häberlins Studien eine ganze Anzahl Kopien von Originalen gemacht, deren einige im Museum hängen und meist für Originale gehalten werden."

Seit 39 Jahren war Hanna Carstensen zu diesem Zeitpunkt im Hause des Professors und wurde in Wyk allgemein „Hanne Häberlin" genannt. Und dies nicht nur, um sie unter den Frauen gleichen Vornamens schneller zuordnen zu können, sondern auch, weil sie doch nach so vielen Jahren des Zusammenlebens mit dem Herrn Professor schon zu seinem Haus gehörte. Aber gehörte sie auch zu ihm? Eines steht fest: Sie war die Frau, mit der Carl Häberlin am längsten unter einem Dach wohnte. Und wenn er auch viele Verehrerinnen auf der Insel hatte, zu denen Gertrud Langenbeck und Lisa Friede gehörten, so ließ er doch über Jahrzehnte keine außer Hanna Carstensen in seinen engsten privaten Bereich. Hanna kam 1904 in das Haus am Sandwall 11, weil die Tochter des Ehepaares Boysen vom „Strandhotel“ Carl Häberlin nicht als Ehemann wollte und lieber einen anderen heiratete. Da das in diesem Jahr gekaufte Haus des Professors aber ebenso einer Versorgung bedurfte wie der Eigentümer selbst und Frau Boysen sich verantwortlich fühlte, empfahl sie ihm „mit Worten höchsten Lobes“ ihre Hilfe Hanna Carstensen, die seit einem Jahr im „Strandhotel“ arbeitete. Frau Boysen bezeichnete sie als einen „Ausnahmefall an Pflichttreue und Tüchtigkeit“. Zuvor gehörte Hanna, die 1896 nach Föhr gekommen war, fünf Jahre zum Haus des Kapitäns Peter Christiansen und seiner Frau Brigitte am Glockenturm (Große Straße 40), wo sie „durch ihren Fleiß und ihre Zuverlässigkeit die Wertschätzung der Familie erwarb. Schon in diesem Hause war ihr Gelegenheit gegeben, unter der Leitung einer überaus regen Hausfrau viel zu lernen und viel zu leisten. Heute [1953] noch hängen die Geschwister Christiansen [unter den zehn Kindern war auch der spätere Do X-Kommandant Friedrich Christiansen] an ihrer Hanna mit größter Liebe.“ Während Hanna Carstensen im Hause Christiansen am Glockenturm lebte, mußte sie miterleben, daß das Ehepaar 1897 seine kleine zweijährige Tochter Margarethe, genannt Gretchen, verlor. 1904 – Hanna Carstensen wechselte gerade vom „Strandhotel“ in das Haus Häberlin – wurde ihr Sohn Kobis Justus Christiansen auf seiner ersten Seereise als Schiffsjunge von Bord des Hamburger Schiffes „Undine“ gespült, das zwischen Australien und Kap Hoorn in einen Sturm geriet.

Für Hanna Carstensen begann 1904 ein neuer Lebensabschnitt. „Ein Arzthaus ist kein leichtes Haus für die Hausfrau: Ständiges Kommen und Gehen von Menschen, Telephonieren, Sprechstundenhilfe, Unregelmäßigkeit der Tageseinteilung, Buchführung, die Frl. Carstensen seit Jahren allein besorgte... Ein besonderes Kapitel im Arzthaus sind die Assistenten und Vertreter: Waren auch die meisten erfreuliche, liebenswürdige Erscheinungen, so gab es doch eine Anzahl weniger Empfehlenswerte, z.B. wenn ein Herr nach Abreise des Arztes erklärt, daß er nachts nicht aufstehe, oder daß er keine Geburtshilfe übernehme, oder wenn er zur Sprechstundenzeit regelmäßig noch im Bett liegt - da hatte Frl. Carstensen keinen leichten Stand.“ Zu den vielen Aufgabenfeldern der Hausdame gehörte es ebenso, die zahlreichen Gäste des Hauses zu bewirten. Die

Schriftstellerinnen Lisa Friede und Elfriede Rotermund gehörten ebenso dazu wie der Maler Otto H. Engel und viele andere mehr. Hanna Carstensen hielt die Fäden, die im Hause Häberlin zusammenliefen, fest in der Hand und stand dem großen Haushalt am Sandwall geübt und energisch vor. Hilfen für das Putzen, für die Wäsche, in der Küche, in der Praxis und für das Polieren der vielen altfriesischen Messinggegenstände standen zur Verfügung und wurden von „Hanne Häberlin“ streng überwacht. Das Haus Häberlin wurde über die Jahrzehnte zu einem festen Bestandteil Wyks, mit dem unzählige Erinnerungen verbunden sind. Mariechen Müller, die im Haus nebenan aufwuchs, erinnerte sich: „Während meiner Kindheit wurde Dr. Häberlin unser Hausarzt. Der Doktor kam oft in unser Haus, da mein Vater auch viele Fotos für ihn anfertigte. Die erste Praxis richtete sich Dr. Häberlin in dem Haus über dem „Altdeutschen Keller“ [Sandwall 2]ein. Später kaufte er das Haus von der alten Frau Okkens am Sandwall. Sein Umzug fand mit

„Hanne Häberlin“
in der Küche des Hauses am Sandwall

der Schubkarre statt. Dr. Häberlin war sehr gutmütig und verlangte oft kein Honorar von seinen Patienten. Seine Haushälterin Hanna Carstensen ... war sehr tüchtig. Sie hat dem Doktor viel geholfen." Vielleicht um ihre Großnichte Inge Johannsen (heute: de la Roi) aus Neugalmsbüll bei Niebüll/Nordfriesland auf eine ähnliche Position vorzubereiten, holte Hanna Carstensen sie 1952 ins Haus Häberlin. Inge hatte auf einem Lehrhof im Marienkoog die Hauswirtschaft gelernt: Sie konnte alles blitzblank putzen, Fuhrwerke lenken und Kühe melken. Sie wußte, wie man Butter und Käse herstellte, hatte bei der Ernte und beim Schlachten geholfen und konnte Blutsuppe kochen. Sie bereitete mühelos kräftige Mahlzeiten für die Knechte zu, die müde und hungrig vom Feld kamen, und wußte genauso, wie sie den Kaffeetisch ansprechend zu decken hatte, wenn ihre Lehrherrin Else Petersen am Nachmittag aus Niebüll und den umliegenden Kögen Damenbesuch bekam. Es waren diese feineren Hausarbeiten, die man nun von Inge im Hause Häberlin erwartete. Als Haustochter nahm sie zusammen mit Hanna Carstensen und dem Herrn Professor die Mahlzeiten ein, staubte das Arbeitszimmer des Hausherrn unter Anleitung der Hausdame ab, übernahm kleine, aber so wichtige Besorgungen wie den Einkauf des „Gervais"-Käses bei „Thams und Garfs" in der Großen Straße (Nr. 11), den der Professor besonders gerne aß, und hatte morgens dafür zu sorgen, daß das Radio bereits angestellt war, wenn der Hausherr zum Frühstück erschien. Stets korrekt gekleidet, betrat Häberlin gemessenen Schrittes das Frühstückszimmer und begrüßte Inge mit den Worten: „Guten Morgen, mein Kind. Hast Du gut geschlafen?" Er liebte es, beim Frühstück die plattdeutsche Sendung „Hör mal en beten to"* zu verfolgen und hörte jeden Morgen schmunzelnd zu.

Bei einigen wenigen Gelegenheiten half Inge Johannsen auch in der Praxis aus und lernte bei dieser Gelegenheit einen der Vertretungssärzte des Professors kennen: Dr. Kümmel aus Kiel. Da man die Mahlzeiten gemeinsam einnahm und Dr. Kümmel ein gutes Essen zu schätzen wußte, erkundigte er sich das eine oder andere Mal nach dem Rezept und erfuhr, daß die flotte, junge Haustochter des Herrn Professors ganz hervorragend kochen konnte. In seiner Begeisterung schrieb er ihr ein Zeugnis: „Die

„Hör' mal ein bißchen zu."

von Fräulein Johannsen bereiteten Speisen waren stets hervorragend zubereitet, und ich muß ihre Kochkünste, insbesondere die Saucen, Geflügel, Braten und Makkaroniaufläufe, sehr loben. Sie verfügt außerdem über ein erhebliches Repertoire von Speisen und Spezialgerichten, die auch den Ansprüchen eines Gourmets genügen. Ich kann sie als hervorragende Köchin und Wirtschafterin in jeder Hinsicht empfehlen." Dieser Ansicht war auch Professor Häberlin und ließ sich so manches Mal eines seiner Lieblingspeisen, „Inges Friesenessen", zubereiten.

Anläßlich des 80. Geburtstages von Hanna Carstensen schrieb der „Insel-Bote": „Nun ist sie in das hohe Alter gekommen, wo andere längst die Hände in den Schoß legen. Und wenn sie auch in der Güte und Verehrung ihres ebenfalls alten, aber erstaunlich jungen Professors einen etwas geruhsameren Lebensabend hat, so ist sie ihm doch mit allen Sinnen immer noch fast mütterlich die treue Hilfe, die fürsorgliche Wegkameradin." Daß sie Carl Häberlin „mit allen Sinnen" zugetan war, bemerkte man schnell, wenn Hanna Carstensen wieder einmal eifersüchtig auf die eine oder andere Frau reagierte, mit der sich der Mann ihres Herzens nach ihrem Geschmack viel zu lange und intensiv abgab. Dann herrschte oft tagelang eine höchst angespannte Atmosphäre im Haus, und Carl Häberlin gab sich alle Mühe, sein „Hannchen" wieder zurückzuerobern. Solange die Frauen aber immer wieder weggingen, mußte Hanna sich nicht zu große Sorgen machen. Ganz anders lag die Sache bei Fräulein Leonore Fertsch, die als Sekretärin des Professors ins Haus kam. Von diesem Tag an herrschte Unfrieden, und Hanna Carstensen war äußerst beunruhigt darüber, wie wohlwollend Carl Häberlins Augen auf Fräulein Fertsch ruhten. Vier Monate nach ihrem 80.

Hanna Carstensen und Carl Häberlin

Geburtstag starb Hanna Carstensen an den Folgen einer Grippe. „Um unseren allverehrten Professor Häberlin aber wird es nun im hohen Alter noch stiller werden, und auch bei ihm wird die Pflichterfüllung bis zum letzten Tag das Lebensglück bedeuten, wie es bei seiner Hanna war über fünfzig Jahre hin", schrieb der „Insel-Bote" in Hanna Carstensens Nachruf. Professor Häberlin, nun ohne seine Lebensgefährtin und Stütze, bat die von Hanna Carstensen nach Hamburg vergraulte Leonore Fertsch um ihre Rückkehr nach Wyk in sein Haus. Unter der Bedingung, daß er sie heiratete, willigte sie ein und wurde noch im gleichen Jahr „Frau Häberlin" - davon hatte Hanna Carstensen ein Leben lang geträumt. Im Jahr darauf starb auch Professor Häberlin und wurde an der Ostseite des Friesenmuseums, seines Lebenswerks, beigesetzt. Hanna Carstensens Nachlaß, unter dem sich viele wertvolle Geschenke Professor Häberlins befanden, wurde im „Nordfriesischen Hof" (Sandwall 16) ausgelegt und an die vom Festland heranreisenden Erben gegeben. Bettwäsche, Bilder, Porzellan, Schmuckstücke, Kleidung und Bücher - alles wurde verteilt. Hannas Großnichte Inge Johannsen war von Professor Häberlin aufgefordert worden, sich noch vorher etwas aus dem Nachlaß auszusuchen, traute sich aber nicht so richtig und dachte später so manches Mal in ihrem Leben an die diamantenbesetzte Armbanduhr, die sie bei Hanna Carstensen immer so bewundert hatte.

Aufzeichnungen darüber, welche Bilder im Friesenmuseum aus der Hand von Hanna Carstensen stammen, sind bisher nicht gefunden worden, und auch ihr Grab auf dem Boldixumer Friedhof existiert nicht mehr. In den Erinnerungen der alten Wykerinnen und Wyker aber lebt sie als „Hanne Häberlin" weiter.

Und zum Schluß

Des Herrn Professors Lieblingsspeise: **Inges „Friesenessen"**
Geschälte und gekochte Kartoffeln, gekochte Möhren in kleine Würfel schneiden, in einen Kochtopf geben und Sahne bzw. Milch, Pfeffer, Salz und eine Prise Zucker hinzufügen, aufkochen und zu einer Sauce andicken, zum Schluß viel Petersilie dazugeben. Dazu schmecken am besten Frikadellen, aber auch Fisch.

Carl-Häberlin-Straße 3: „Bi de Pump"

Mittagstisch mit Tradition

Mike (Marie) Benck (1915-1990), geb. Hansen, verwitwete Kahl und ihr Speiselokal

Schon Mikes Mutter Line (Caroline) Hansen richtete in ihrem kleinen Haus in der Mühlenstraße 7 einen Mittagstisch ein, zu dem täglich Wyker Handwerker und Stadtangestellte kamen. Sie war eine resolute Frau, die in ihren Schnürschuhen fest im Leben stand und sich nicht so leicht aus der Ruhe bringen ließ. Für mehr als zehn Personen aber hatte sie in ihrem Speiseraum keinen Platz, und so kam es, daß sich die Gäste manchmal einfach schichtweise zum Essen einfanden: War ein Tisch frei geworden, konnten sich die nächsten hungrigen Männer in Lines Stube niederlassen und ihr gutes Essen genießen, das dampfend heiß, sehr wohlschmeckend und abwechslungsreich auf den Tisch kam.

In den 1930er Jahren kaufte der Schwiegersohn von Line, Ernst Kahl, ein kleines Haus in der Carl-Häberlin-Str. und zog dort bald darauf mit seiner Familie ein – mit Frau Mike, Tochter Helga, verheiratete von Allwörden, und Sohn Karl-Heinz. In der dauernden Sorge, als alleinerziehende Mutter die Kinder anständig versorgen zu können, betrieb Mike nach dem Tod ihres Mannes in ihrem Haus eine Annahmestelle für die Reinigung und Wäscherei des Nordseekurhofes. Im Alter von 50 Jahren veränderte sie sich noch einmal und eröffnete in der Carl-Häberlin-Str. einen „Tellergerichte-Schnellimbiß" - sehr zum Ärger ihres zweiten Mannes, Jan Benck, der die Ausführung ihres Planes mit seiner verweigerten Unterschrift unter den Darlehnsvertrag auf der Bank zu verhindern versuchte. Mike aber war als sehr fleißige Frau bekannt und der Bank trotz anders geltender Rechtsvorschriften auch allein gut genug für ein Darlehen. Sie konnte also loslegen. Der Zufall kam ihr bei der Einrichtung der geplanten Gaststätte zur Hilfe: Maria Hansen hatte ihr Hotel „Atlantischer Hof" (Königstr. 5) verkauft, und nun sollte das Haus abgerissen werden. Die damit beauftragte Abbruch- und Baufirma Erich Ohlsen aus Westre/

Süderlügum schickte dafür einen Mann nach Wyk, dem sie einen gewinnbringenden Verkauf des Inventars zutraute. Und es klappte: Der gelernte Tischler und „Allroundman" Heie Sönksen von Norstrand, der später zusammen mit seiner Frau Ingke Martens das Oevenumer Museum aufbaute, brachte Schwung in die Versteigerung der riesigen Menge von Einrichtungsgegenständen. Der „lüttje Mann mit de Holtschoh"*, wie ihn manche nannten, weil sie seinen Namen noch nicht kannten, gab den Verkauf von allem bekannt, was am „Atlantischen Hof" nicht niet- und nagelfest war. Und die Interessenten strömten herbei: Martin Johannsen kaufte für seinen später so beliebten Imbiß „Martin Schaschlik" (heute: Restaurant „Alt Boldixum") die erste Friteuse (20 DM), Polizist Beukenhauer übernahm einen Teil der Fußböden, und Mike Benck konnte die gebrauchten Dachziegel des „Atlantischen Hofs" ebenso gut gebrauchen (für den Anbau anstelle der Veranda) wie Stühle (5 DM pro Stück), Pfannen aus der Hotelküche, Tassen für Teepunsch und weiße Teller (1 DM pro Stück). Manche der Teller haben bis heute überlebt und sollen bei Schlachter „Wriedts Partyservice" noch immer zum Einsatz kommen. Andere Gegenstände des ehemaligen Hotels gingen nicht so flott weg, aber Heie Sönksen wußte sich zu helfen: So wurden die riesigen Lederclubsessel, die immer in der Hotelhalle gestanden hatten, einfach demjenigen als „Gratiszugabe" vor die Tür gestellt, der das Sofa gekauft hatte. Hermann Geschke (Haus „Ruh ut" in der Nicolaistr.) und Jonny Andresen (Haidweg) ließen sich von dem pfiffigen Verkäufer und Versteigerer Sönksen eine alte Fahnenstange für 40 DM ‚aufschnacken', die aber schon während des Transports zu ihrem neuen Standort in Stücke brach. Ihre Reklamation schien bei Heie Sönksen zunächst auf taube Ohren zu stoßen, schließlich galt der Grundsatz: „Gekauft wie besehen". Nach einigem Hin und Her und Heies Einwand, Hermann und Jonny hätten die Fahenstange nicht sachgemäß transportiert, erhielten die aufgeregten Männer ihr Geld zurück. Und auch die Käufer der Heißmangel waren enttäuscht. Das schöne Stück, das sie ergattert hatten, ließ Heie Sönksen schon am nächsten Tag wieder abholen - es war gar nicht zu verkaufen gewesen. Wesentlich schwieriger gestaltete sich allerdings die ‚Entsorgung' des Klaviers, dessen Ausmasse für eine Hotelhalle durchaus passend

*„*der kleine Mann mit den Holzschuhen*"

waren, den Rahmen eines jeden Wohnzimmers aber bei weitem sprengten. Wohin also mit dem Monstrum? Heie und Kollegen kamen schließlich auf eine ‚geniale' Idee: Den Musikern des Kurorchesters wollten sie ein „Geschenk" machen und das Klavier, von dem die Beschenkten allerdings keine Ahnung hatten, auch gleich flotten und möglichst unauffälligen Schrittes zur Musikmuschel am Sandwall transporieren. Das klappte aber nicht so ganz: Auf dem Weg zum heimlichen Abstellplatz begegnete ihnen eine musikliebende Dame, die mit großem Interesse nach dem Eigentümer des wunderschönen Instruments fragte. Heie Sönksen reagierte blitzartig und versprach, mit dem Eigentümer zu sprechen und ein gutes Wort für sie einzulegen. Also, zurück mit dem Klavier zum „Atlantischen Hof". Am Tag darauf bezahlte eine begeisterte Käuferin dem noch viel begeisterteren Heie Sönksen den Preis für das Klavier und ließ es auch gleich abholen. Die Spediton der Gegenstände übernahm Lorenz „Schrott" (Johannsen), der seinen Konkurrenten Alfred Hübner (heute: Antiqiutäten Hübner, Nieblum) ausgestochen hatte und nun unentwegt mit dem Abfahren der Einrichtung des „Atlantischen Hofs" beschäftigt war.

Mike Benck war nicht die erste, die einen Mittagstisch in Wyk einrichtete. Bei Eiper (Süderstr. 16/"Stinkbüddelsgang") und Rascher (Mühlenstr. 3) konnte man schon zum Essen kommen, und wenige Jahre nach Mike eröffnete auch Familie Klatt (Mühlenstr. 4) ihr Speiselokal. Mike hatte von einem Verwandten den Tip für diese Möglichkeit des Geldverdienens bekommen und machte sich nun an die Arbeit. Ihr Mann hatte zu dieser Zeit seinen Krabbenkutter schon verkauft, war aber nicht bereit, etwas finanziell dazuzusteuern. Dafür schälte er manchmal Kartoffeln, wenn er gerade nichts Besseres vorhatte, aber wann hatte er das schon? Und so machte sich Mike mit ihren Töchtern Helga und Ingrid, verheiratete Knudtsen, allein an die Arbeit und gehörte mit ihrer gutbürgerlichen Küche bald zu den beliebten Anlaufstellen für die Freunde einer leckeren Fischmahlzeit. Drei Gerichte gab es täglich zur Auswahl (heute: 30), und der Fisch kam wöchentlich in vielen Variationen auf den Tisch. Die Gaststube konnte oft gar nicht alle Gäste fassen, so daß Einheimische und Krabbenfischer wie Karl-Heinz Glasshoff aus Friedrichskoog und Karl-Otto Wellingerhoff schon bald in Mikes Wohnzimmer zum Essen saßen. Daß sie meistens auch gleich Fisch und Krabben frisch vom Kutter für die Küche mitbrachten, war eine kleine Erleichterung für die Wirtin, die zusammen mit ihrer Tochter Ingrid alle Hände voll zu tun hatte. Die Holzveranda, die ursprünglich zum Haus gehört hatte, ließ Mike während des Umbaus auf Rollen setzen und nach hinten in den Garten schieben, wo sie zum Quartier für Sommergäste umgestaltet wurde. Neben dem Mittagstisch vermietete Mike auch Zimmer, und wenn der Platz mal knapp wurde, mußten ihre Kinder eben „zwischen den Kohlen“ schlafen. Um kein Zimmer unnötig leer stehen zu haben, ging sie oft hinunter zum „Fährhaus“ (Königstr. 2) und fragte die gerade ankommenden Gäste, ob sie nicht ein Quartier bräuchten. Das Fahrrad für den Transport der Koffer hatte sie schon dabei, und so waren bald wieder alle Zimmer des Hauses vermietet. 1980 übernahm Mikes Tochter Ingrid zusammen mit ihrem Mann Kurt Knudtsen das Lokal „Bi de Pump“. Worauf er sich da einließ, wußte er, war Kurt doch schon in der Zeit, als er noch bei „Auto Matzen“ (Badestr. 22) arbeitete, mittags hinunter in die Carl-Häberlin-Straße gelaufen, um beim Bedienen der Gäste zu helfen. Und daß Mikes Enkelsohn Peter ihr Lokal „Bi de Pump“ in bewährter und beliebter Art weiterführen wird, steht auch schon fest.

Mikes Krabbenragout: Eine klare Brühe aus Wasser, Essig, Zwiebeln, Zucker, Salz, Pfefferkörnern und einem Lorbeerblatt aufsetzen, süß-sauer abschmecken und leicht andicken; zum Schluß die Krabben hinein und bei kleiner Hitze warm werden lassen, nicht kochen! Dazu schmecken Kartoffeln oder leicht angewärmtes Baguettebrot sehr gut.

„Bi de Pump“ in früheren Jahren

Und zum Schluß

Während der Fertigstellung seines neuen Kutters wurde Jan Benck nach dessen Namen gefragt. Er aber war in Eile und rief schon im Weglaufen: „Keen Tied!“ Und so stand es dann am Bug des Kutters.

Sandwall 13: Das Haus an der Mittelbrücke

„MM“
Ein Stück Wyker Geschichte

Mariechen Müller (1893-1985)

Sie war eine Dame, das sahen wir Kinder gleich. Mit aufmerksamem Blick für ihren Heimatort Wyk und gemessenen Schrittes ging sie den Sandwall entlang – in der einen Hand ihren Stock, in der anderen oft die Tasche für kleine Einkäufe. Per ausdrücklicher Elternermahnung gehörte sie zu den Wykerinnen und Wykern, die ich unbedingt grüßen mußte. Hatte ich einmal einfach in die andere Richtung geguckt und das Grüßen ‚vergessen', so wußte man von dieser Unhöflichkeit meistens schon, bevor ich nach Hause kam. Aber nicht nur, daß sie sowieso von allen Seiten gegrüßt wurde und jeden zu kennen schien, machte sie zu einer auffälligen Erscheinung, sondern auch ihr großer, dunkler Haarknoten ließ sie in unseren Augen zu einer ungewöhnlichen, besonderen Frau werden. Und das war Mariechen Müller auch.

Menschen und Häuser gehören zusammen, und Mariechen Müller gehörte zum Haus an der Mittelbrücke, das sie ihr ganzes Leben bewohnte. Sie erzählte darüber: „Im Jahre 1905 ließen sich meine Eltern ein neues Haus am Sandwall bauen. 25 Maurer und Handwerker fingen im März mit dem Bau an, und im Mai des gleichen Jahres konnten wir schon einziehen. Die Maurer begannen bereits um 5 Uhr morgens auf dem Bau und machten erst Feierabend, wenn die Sonne untergegangen war. Später wollte keiner glauben, daß unser Haus in so kurzer Zeit errichtet worden ist. Es war für damalige Zeit ein aufwendiger Bau.“ In das 35. 000 Mark teure Haus zog nun Wilhelm Müller mit seiner Frau Auguste und den Kindern, von

Pension „Haus Müller“, 1906

denen Mariechen die Älteste war. Sie wurde noch in der Mittelstraße 3 geboren und von ihrer Großmutter, der Hebamme Christiane Nickelsen, auf die Welt geholt. Ihr Vater hatte dort sein erstes eigenes Fotoatelier eingerichtet. „Um seine Aufnahmen zu machen, hauptsächlich Familien- und Gruppenaufnahmen, ging mein Vater am Anfang seiner beruflichen Tätigkeit in Wyk zu Fuß zu seinen Kunden. Später kaufte er sich dann ein Fahrrad. Er war der erste in der Mittelstraße, der ein eigenes Fahrrad besaß. Für seine Fotoaufnahmen nahm er einen großen Kanister und eine graue Decke als Hintergrund mit. Das Stativ legte er über die Fahrradstange. So zog er über die Inseldörfer. Weil damals das Fotografieren sehr umständlich war, half meine Mutter ihm oft bei dieser Arbeit. Später kamen die Kunden dann auch in unser Atelier nach Wyk. Wenn bei den Föhrer Bauern im September die Ernte beendet war, kamen sie nach Wyk, um sich fotografieren zu lassen. Besonders um die Jahrmarktszeit hatten wir gut zu tun. In dem Atelier und auch in unserer Wohnung saßen mehrere Familien, um sich für die Aufnahmen fein zu machen", erinnerte sich Mariechen Müller an die Jahre zu Beginn des 19. Jahrhunderts.

Sie war 18 Jahre alt, als ihre Eltern sich zu etwas Ungewöhnlichem entschlossen: Sie ließen Kachelöfen in den Zimmern der Sommergäste aufstellen und nahmen 1911 zum ersten Mal auch Wintergäste in ihrem Haus an der Mittelsbrücke auf, die nun in warmen Stuben den herrlichen Blick auf die winterliche Nordsee und die Halligen genießen konnten. So wurden die ruhigen Inselwinter zwar etwas betriebsamer, aber dem Ehepaar Müller blieb immer noch Zeit für die Kartenabende mit ihren Nachbarn, dem Kolonialwarenhändler Andreas Paulsen und seiner Frau. Vom Wohnzimmer der

Auguste und Wilhelm Müller – Mariechen Müllers Eltern.

Müllers aus konnten sie genau in die Mittelstraße hinein und zu ihrem Geschäft sehen. Und wenn noch ein verspäteter Kunde kam, so lief eben schnell jemand hinüber, um ihn zu bedienen.

Mariechen ging nach ihrer Konfirmation nach Hamburg, wo ihre Tante ein Hotel führte. Dort lernte sie, was junge Frauen für ihren weiteren Lebensweg als Hausfrau, Ehefrau und Mutter benötigten. Und wie man Gäste bewirtete, die Zimmer hübsch einrichtete, alles in angenehmer, sauberer Atmosphäre hielt, die Reservierungen richtig eintrug und bestätigte, die Putzmamsellen einteilte und selbst dabei stets zu einem kleinen Schnack mit den Gästen aufgelegt sein konnte - das lernte Mariechen auch. Nach ihrer Rückkehr ins Elternhaus half sie ihrem Vater, der seinem Fotogeschäft inzwischen auch noch eine HAPAG- und Lufthansa-Vertretung sowie ein Zigarrendepot angegliedert hatte. Mariechen war eine auffallende, junge Frau, der so mancher junge Mann hinterherschaute, denn sie paßte so gar nicht zu den Vorstellungen, die sich manche von einem Inselmädchen machten. Mit ihren dunklen Haaren und dem markanten Gesicht glich sie vielmehr einer Spanierin und hatte auch etwas von deren besonderem Flair. Mariechen hatte dafür eine ganz einfache Erklärung: Ihr Großvater war doch zu See

„Foto Müller“
am Sandwall

gefahren und hatte von dort wohl diesen „anderen Schlag" mitgebracht. Die Verehrer ließen nicht lange auf sich warten, und Mariechen war zweimal in ihrem Leben entschlossen, zu heiraten. Aber ein Verlobter fiel im ersten Weltkrieg und der andere „taugte nichts" nach ihrer Meinung. Und so richtete sich „MM" ihr Leben ohne Mann und Kinder ein. Für Mariechen Müller bedeutete dies, daß sie viel mehr Zeit für sich und ihre Interessen hatte als andere Frauen ihrer Generation, und so erinnerte sie sich auch zeitlebens gerne an die vielen Feste, Konzerte, Theateraufführungen, Wattenpolonaisen, Bälle im „Colosseum" und die Kinovorstellungen in der „Centralhalle" (Große Str. 19). An die Karten, auch für die beliebtesten Veranstaltungen, kam sie ganz leicht, denn der Vorverkauf fand über das Geschäft ihres Vaters statt. „In Vereinen muß man sein, damit man nicht die Kontakte zur Welt verliert", sagte „MM" anläßlich ihres 80. Geburtstages. Den feierte sie 1973 und konnte auf 67 Jahre Mitgliedschaft im Wyker Turnverein, den ihr Vater noch vor der Jahrhundertwende mitbegründet hatte, zurückblicken. In den 50er Jahren wurde sie zum Ehrenmitglied ernannt und hat nur im allerengsten Familienkreis einmal gestanden, daß sie das Turnen gar nicht mochte.

Die junge „MM"

Aufgeschlossen, neugierig auf das Leben und gesprächsfreudig, mit der Jugend gerne zusammen und traditionsbewußt - das war „MM". Und so beschränkte sie sich auch nicht darauf, ihrem Vater in seinem Geschäft zu helfen. Die feine „Pension Müller" gehörte ebenso zu ihrem Aufgabenbereich, wie sie in der „Pension Rascher" immer wieder Urlaubsvertretungen für die verreisten Besitzer übernahm, in der Küche vom „Colosseum" aushalf und in den fünfziger Jahren auch noch im Haus am Sandwall eine kleine Handarbeitsschule für Wyker Mädchen führte. Karin Petersen, deren Mutter die „Drogerie Schwintzer“ am Sandwall 24 führte, gehörte zum ‚Strickliesel-Club‘, der sich mehrmals in der Woche bei „MM“ traf. Für ein bestimmtes Stundenhonorar wußten die Eltern die jungen Mädchen gut versorgt, denn schließlich sollten sie „weg von der Straße“ und in den Wintermonaten nach Einbruch der Dunkelheit nicht mehr unterwegs sein. Und so traf man sich am Nachmittag bei Keksen und Tee im Haus am Sandwall, brachte Knöpfe zum Annähen, die mißlungenen Topflappen vom Vortag und Reparaturarbeiten mit. Bei „MM“ lernten die Wyker Mädchen vom Hohlsaum bis zum Strümpfestopfen alles, was ein ‚ordentliches‘ Mädchen brauchte.

Vor allem aber die „Pension Müller“ blieb mit dem Namen Mariechen Müllers über viele Jahrzehnte verbunden, und noch im Alter von 80 Jahren erledigte sie die Kurgastpost. Einer ihrer Gäste war Harboe Kardel aus Apenrade in Dänemark, der 1958 als Vertreter für Joachim Bohl beim „Insel-Boten“ seine Arbeit aufnahm, viele interessante Artikel über die Geschichte Föhrs veröffentlichte und der Insel auch nach dem Ende der Tätigkeit noch lange treu blieb: „Am Anfang wohnte ich einmal in der Mühlenstraße, aber seit Oktober 1959 bei Mariechen Müller, Sandwall 13. Dort bin ich wohl ca. dreißigmal eingekehrt, denn ich kam jährlich mindestens zweimal für zwei oder drei Wochen in die Redaktion des „Insel-Boten“. Ich wurde bei Müllers fast zur Familie gerechnet und wurde von ihnen peu à peu in die besonderen Zusammenhänge des Wyker Lebens eingeführt, war doch der Senior der Familie, der Fotograph Wilhelm Müller, seiner Zeit ein Mittelpunkt des geselligen Lebens in Wyk gewesen. Ein schöneres Quartier konnte ich nicht bekommen.“

Die kleine Mariechen in Friesentracht zusammen mit einem ihrer Brüder

Mariechen Müllers Bruder Wilhelm führte das Fotogeschäft seines Vaters weiter. Eigentlich hatte er viel lieber Seemann werden wollen, aber sein Vater kannte kein Pardon und Wilhelm wurde dazu „verdonnert", Fotograf zu werden. Er starb 1972; Mariechens Brüder „Tütten" (von „Lütten", der Kleine), der den Tabakladen seines Vaters weitergeführt hatte, starb 1954, und Karl August schon 1938. Ihre große Schwester Mariechen feierte 1973 unter großer Anteilnahme ihren 80. Geburtstag, der sich „zu einem kleinen Volksfest" entwickelte. „Kurz nach 11 Uhr morgens begannen die Besucher zu strömen, erschienen die Präsentkörbe, mehrten sich die Blumen und auch einige Flaschen wurden für künftige frohe Stunden überreicht. Der Wyker Turnerbund erschien mit großem Aufgebot und feierte sein Ehrenmitglied. Vorsitzender Günter Lucht dankte für alle Treue und wünschte Gesundheit für die nächsten 10 Jahre. Klaus Boje erinnerte sich an 12 Jahre Kontakte mit Tante Mariechen und verband einen kräftigen Schluck mit einem donnernd aufgenommenen „Hipp-hipp-hurra"." Der „Knüller" aber waren die 15 Blasmusiker der Bundeswehr, die von ihrem Kameraden Holger Spittler für seinen Vater Kurt zu dessen Geburtstag nach Wyk eingeladen worden waren. Und wo sie nun schon da waren, brachten sie zur großen Begeisterung des Geburtstagskindes und der inzwischen vor ihrem Haus versammelten Menschenmenge „MM" ein Ständchen.

Im Alter auf ihre Ehelosigkeit angesprochen, meinte Mariechen Müller: „Sei man still, ich hab' nichts verpaßt!"

Und zum Schluß

Über die gute Arbeit des Firmengründers und das ansprechende Haus am Sandwall machte sich die Familie Müller auf Föhr einen Namen. Der Geschäftssinn vererbte sich weiter: In der Mittelstraße 18 führt die Großnichte von „MM", Kirsten Müller-Weckenmann, die beliebte „Wyker Buchhandlung".

Hutparade im Atelier Müller

■

Mittelstraße 13a/Wilhelmstraße 8

Ladenhandel mit Stoffen, Porzellanwaren und Lebensmitteln

Die Kaufhausgründerin Lentine (Lena Christine) Martens, geb. Smidt (1796-1876)

„Beglückt, wem noch am Abend seines Lebens ein wolkenloser Himmerl glänzt. Wem Heiterkeit die freie Stirn umkränzt, ihm sagt sein Herz: Ich lebte nicht vergebens!“, schrieb eine junge Frau 1815 in das Stammbuch eines jungen Mannes aus Wyk und setzte darunter: „Zum Andenken von Deiner Freundin Lena Christine Smidt.“

Seit 1386 war Föhr eine geteilte Insel: Der Westteil gehörte zum Amt Ripen, also zu Dänemark, und der Ostteil mit dem kleinen Ort Wyk war ein Teil des Herzogtums Schleswig. Mit der Verleihung der Separationsurkunde im Jahre 1706 wurde Wyk eine unabhängige Gemeinde, ein Flecken. Der erhielt nun eine eigene, unabhängige Verwaltung und ein Gericht, das für Angelegenheiten mit kleinem Streitwert zuständig war. Der Gerichtsvogt war als Vorsitzender dieser Institution auch gleichzeitig der Fleckensvorsteher, also Bürgermeister von Wyk. Im Haus des Mannes, der dieses Amt von 1800 bis 1815 bekleidete, kam Lentine Smidt am 8. August 1796 zur Welt. Ihr Vater war Jens Matthiesen Smidt, der „sehr segensreich für seine Vaterstadt gewirkt“ hat. Ihre Mutter, Helena Dorothea Olufs aus Wrixum, war sechs Jahre nach dem Tod von Smidts erster Frau, Lena Christina, die bald nach der Geburt ihres vierten Kindes gestorben war, ins Haus gekommen. Ihre Tochter Lentine, die spätere Kaufhausgründerin, blieb das einzige überlebende Kind der Ehe von Helena Dorothea und Jens Matthiesen Smidt.

Auf dessen Zeit als Gerichtsvogt und Fleckensvorsteher geht der Bau des dritten Wyker Hafens zurück, mit dessen Bau man 1806 begann und der mit seiner Länge von fast 145 Metern und einer Breite von 17 bis 34 Metern den Grundstock des heutigen Hafens bildet. Lange galt er als einer der beste Häfen an der Westküste. Über den 73jährigen Gerichtsvogt Jens Matthiesen

Smidt schrieb Pastor Bahne Asmussen anläßlich dessen Todes: „Er war ein Mann von vielem Kopfe, durch den er sich auch allein emporgeschwungen hat. Er hat nicht studiert; aber wie viele haben studiert und wissen doch nichts!"

Vier Jahre bestand zu dieser Zeit bereits das „Wilhelminen-Seebad auf Föhr", das bereits 170 Gäste verzeichnen konnte und sich immer größerer Beliebtheit erfreute, zumal das Wyker Meerwasser als hervorragend galt. Der bekannte Schleswiger Arzt Karl Ferdinand Suadicani konnte dies nach eingehenden Untersuchungen nur bestätigen: „Der Gehalt übertraf das Wasser der Ostsee fast um das Doppelte. Solchen Beweisen werden die größten Badefeinde nicht widerstehen können." Und der dänische Dichter Hans Christian Andersen, im Sommer 1844 als Kurgast und königlicher Märchenvorleser auf Föhr, schwärmte: „Ich habe jeden Tag gebadet, und ich muß sagen, es ist das unvergleichlichste Wasser, in dem ich je gewesen bin. Es ist so salzig, daß die Augen tränen, wenn man herauskommt. Das Blut wird in die wunderbarste Bewegung gesetzt." Alle diese Gäste mußten in den Sommermonaten ausreichend versorgt werden. Das stellte neue Anforderungen an die Vermieter der Privatquartiere, die jetzt einen steigenden Bedarf an Lebensmitteln für die Verpflegung der Logiergäste hatten, die Stuben stets sauber und gepflegt halten wollten und sich selbst mit steigenden Einnahmen auch den einen oder anderen Wunsch endlich erfüllen konnten. Dazu kamen die Bedürfnisse der Gäste, die dieses und jenes benötigten, was sie vielleicht zu Hause vergessen hatten oder einfach in der Sommerfrische zusätzlich brauchten.

Die Wünsche der verschiedenen Kunden erfüllte Lentine Smidt, nun verheiratete Martens, mit den Waren in ihrem kleinen Laden, der an der sogenannten „Linie" lag - die diagonale Verbindung vom Glockenturm durch den kleinen Ort Wyk hinunter zum Sandwall. Sie richtete ihr Geschäft zunächst in der großen Diele ihres kleinen Strohdachhauses ein. Vielleicht ließ sie ein kleines Schild anbringen, um auf ihr Sortiment aufmerksam zu machen, denn Schaufenster waren zu dieser Zeit noch unüblich. In so großen Städten wie London allerdings gab es bereits Geschäfte, die ihre Auslagen hinter großen Fenstern präsentierten - eine absolute Neuheit, daß Ware „so nett, so glänzend, in solchen Mengen zur Auswahl gestellt wurde, daß man lüstern werden" mußte. Die Kundschaft betrat das „Kaufhaus Martens" durch die Haustür, konnte sich dann in aller Ruhe in dem schummrigen Laden umschauen und sich von der Wyker Kauffrau Martens beraten lassen. Elektrisches Licht gab es noch nicht, und so etwas wie Werbung kannte und brauchte sie nicht, denn Lentine Martens verfügte über beste Handelsbeziehungen und gute Ware. Wenn die Kundschaft zufrieden war, kam sie wieder - und zu Martens kam sie immer wieder. Lentines Ehemann, der Schiffskapitän Johannes Martens, fuhr mit seinem Schiff von Föhr über Tönning nach Holland, zu dem man von Föhr aus lebhafte Handelsbeziehungen pflegte. In Amsterdam lebten zwei seiner Brüder und waren Kaufleute. Sie versorgten Lentine Martens mit Waren und konnten ihr auch den einen oder anderen guten Ratschlag geben. Auch aus England brachte ihr Mann Ware mit, so daß sie stets über ein schönes Sortiment an Porzellan, Stoffen und Gewürzen verfügte. Lentine Martens war ganz alleine auf sich gestellt, denn ihr Ehemann war fast das ganze Jahr über auf seinem Schiff unterwegs. Nach einem Schiffsunglück im Jahre 1840 war Kapitän Martens lange krank und konnte seine Frau kaum in ihrem

Der Wyker Sandwall
zu Lentine Martens' Zeiten, 1845

Geschäft unterstützen. Zwanzig Jahre war sie nun selbständige Geschäftsfrau, und das „Kaufhaus Martens“ war zu einer festen Institution auf Föhr geworden. 1843 wurde ihr Erfolg auch äußerlich sichtbar: Das bestehende Haus wurde durch einen 12 Meter langen Ladenanbau erweitert, die Diele geräumt und alle Waren nun in neuer übersichtlicher Präsentation den Kunden dargeboten. Und es wurden nun auch Verkäufer eingestellt, um eine gute Beratung sicherzustellen.

Und wenn das Geschäft auch unter dem Namen des Familienvorstandes lief, so war doch allen klar, daß seine Frau „die stets treibende Kraft des jungen Unternehmens“ war. Mit dem Tod von Johannes Martens 1846 führte die Gründerin ihr Geschäft unter dem Namen „Firma Johannes Martens Witwe“ mit dem gewohnten Erfolg weiter. Sohn Jan Matthias Martens, der sich nicht so recht zwischen Handelsgeschäft und Seefahrt entscheiden konnte, ging erst einmal als Schiffsjunge auf große Fahrt und kehrte dann zu einem Urlaub nach Föhr zurück. Eine Bootsfahrt zur Verwandtschaft auf Hallig Oland bei schwierigen Wetterbedingungen endete mit einer langen Nacht im offenen Boot auf dem Wasser, die den jungen Kaufhauserben einige Finger und Zehen kostete. Den Beruf des Seemanns mußte er an den Nagel hängen und so hatte Lentine Martens nun einen Nachfolger für ihr Geschäft, zumal er 1852 auch geheiratet hatte - Johanna Sophie, die Tochter des Goldschmieds Jürgen Jürgensen und seiner Frau Johanne, die nach der Sturmflut von 1825 mit ihren Eltern von der Hallig Oland nach Föhr gekommen war und zu den letzten Frauen gehörte, die noch die alte Halligfriesentracht trugen.

Rückschläge blieben in der nun fast 50jährigen Geschichte des „Kaufhauses Martens“ nicht aus. In der Nacht vom 7. zum 8. Juli 1869 brach in der Nachbarschaft ein Feuer aus, dem das Lebenswerk von Lentine Martens zum Opfer fiel. Lediglich vom Lagerhaus blieben die Grundmauern stehen. Frau Martens senior war mittlerweile über 70 Jahre alt, unterstützte aber weiterhin das Geschäft und ihren Sohn, der nun einen Notladen in der Großen Straße eröffnete, „um keine Geschäftsstockung entstehen zu lassen.“ Nach dem Brand wurden in Wyk neue Straßen angelegt und das „Kaufhaus Martens“ lag nun in der Mittelstraße, denn sofort hatte man mit dem Bau eines neuen, größeren Geschäftshauses begonnen. Zu Anfang des Jahres 1870 konnte das für Wyker Verhältnisse sehr große Ziegelhaus mit dem Schieferdach bezogen werden. Und nun gab es auch Schaufenster für die neu hereingekommenen Waren und Kunden anlockende Festtagsdekorationen. Der ausbrechende Krieg mit Frankreich führte zu einem Rückgang der Badegäste, dadurch gingen die Umsätze zurück und schon bald munkelte man, mit dem Neubau habe sich die Familie Martens übernommen: „Martens hett sick verbut! Dat Hus is vel to groot för de Wyk!"* Freunde halfen dem kurzfristig angeschlagenen Handelshaus, und die Kaufhausgründerin konnte im Febraur 1876 mit einem beruhigten Blick auf ihr Lebenswerk für immer die Augen schließen.

Und wenn es die Firma Martens in dieser Form auch heute nicht mehr gibt, so sind die Spuren, die Lentine Martens und ihre Nachkommen hinterließen, doch immer noch im Wyker Stadtbild vorhanden: Das nach dem Brand von 1869 erbaute Geschäftshaus steht noch immer (in erweiterter Form) in der Mittelstraße. Einer ihrer Nachfahren legte eine neue Straße zu seinem Geschäft an, die noch heute seinen Vornamen trägt: Johannesstraße. Die Männer der Familie gingen in die Geschichte ein als holländische Konsuln, Stadtvertreter, Kirchenvertreter, Sparkassenverwalter und Heimatforscher – eine so innovative und starke Frau wie die Kaufhausgründerin Lentine Martens aber gab es in den folgenden Generationen nicht mehr.

Und zum Schluß

Das Stammbuch, in das Lena Christine Smidt sich eingetragen hatte, gehörte Nommen Friedrich Nommensen. Er heiratete 1823 Volena Catharina Boetius, eine Tochter von Henning Boetius und seiner Frau Pauline, aus der Hafenstraße. Nommensen ging im Alter von nur 36 Jahren mit seinem Schiff bei Südwesthörn unter. 50 Jahre später ereilte seinen Schwiegersohn Friedrich Christian Lorenzen, der die Wyker Werft vier Jahre nach dem Tod des kinderlosen Gründers von dessen Witwe hatte kaufen können, das gleiche Schicksal. Seine Urenkelin Maria Dorothea Volquardsen dazu in der Familienchro-

*„*Martens hat sich verbaut. Das Haus ist viel zu groß für Wyk!*"

nik: „Mitte Mai nahm ... F.C. Lorenzen seine Söhne Christian und Paul in seinem Segelboot „Aurora“ mit, und da es zu ebben begann, ankerten sie bei Horsbüll zwischen Föhr und Sylt. In der Nacht kam eine starke Bö auf, so daß der Vater wahrscheinlich aufgestanden ist, um die Anker loser zu legen. Dabei ist er auf dem glatten Deck ausgerutscht und über Bord gefallen. Am nächsten Morgen fanden die Söhne seine Pantoffeln an Deck, aber ihren Vater suchten sie vergebens. ... Die Wyker suchten und fischten lange vergebens nach der Leiche. Nach vier Wochen bangen Wartens trieb sie bei einem Gewitter bei Hoyer an. Ein Boot brachte den Toten im Sarg nach Wyk“.

Lentine Martens' Grabstein steht noch heute auf dem Friedhof in Boldixum

Sandwall 30: „Gud Hööb“

Mit dem Gesindebuch von Stellung zu Stellung

Agnes de la Roi, geb. Osning (1901-2000)

Die junge Agnes wußte, daß sie keine Aussicht hatte, noch ein wenig länger in der Schule bleiben zu dürfen und mußte sich damit abfinden, in Stellung zu gehen, um Geld zu verdienen. Spätestens beim Lesen der „Gesinde-Ordnung für die Herzogtümer Schleswig und Holstein vom 25. Febraur 1840“ wußte sie, wie die nächsten Jahre aussehen würden und welches Benehmen man von ihr als Teil des Hausgesindes erwartete: „Das gegenseitige Verhältnis zwischen Herrschaft und Gesinde wird durch eine Übereinkunft begründet, vermögen deren eine Person während einer zum Voraus bestimmten ununterbrochenen Zeit mit persönlicher Unterwürfigkeit gegen die Dienstherrschaft zur Verrichtung häuslicher und wirtschaftlicher Arbeiten und Dienste in ein Haus aufgenommen wird und dafür von der Herrschaft die Zusicherung einer Gegenleistung erhält.“

Mit gerade 14 Jahren ging Agnes Osning im April 1915 für vier Monate in das Haus des Schiffers Johannes Mölck auf der Reeperbahn (heute: Badestraße), um seiner Frau Marie zu helfen. „Drei geräumige Zimmer mit gutem Mobiliar und sechs Betten“ hatte sie zu vermieten. Dienstmädchen konnten von der Frau des Hauses auch ohne die Einwilligung des Hausherrn eingestellt oder entlassen werden, und so war es Marie Mölck auch erlaubt, ihrem Dienstmädchen ein Zeugnis auszustellen. Sie war sehr zufrieden mit Agnes und schrieb ihr ins Gesindebuch: „Selbige hat sich während ihrer Dienstzeit zu meiner völligen Zufriedenheit betragen. Sie war fleißig und treu, so daß ich sie jedem empfehlen kann.“

Als „sehr treu, fleißig und zuverlässig“ erwies Agnes sich auch im Haus von Peter Okkens, der am Sandwall eine Goldwarenhandlung führte. Und wenn sie dort auf die kleinen Kinder des Hauses aufpassen mußte und mit ihnen spazieren ging, so gehörte das fast schon zu den ‚Erholungsstunden‘ von ihrem täglichen Arbeitspensum. Kindermädchen waren in den gutbetuchten Familien Wyks selbstverständlich. So ging Agnes' Schwester Jenny später ebenfalls zu Okkens, und Berta Jensen (Schifferstraße), die 2002 ihren 100. Geburtstag feierte, war Kindermädchen im Hause Martens. Dr. Johannes Martens erinnerte sich 1985: „Immer, wenn etwas Besonderes los war am Strand, auf der alten Mittelbrücke und vor dem hölzernen

„Pension Guth" am Sandwall

Musikpavillion vor dem Kurhaus waren die beiden Fotografen Wilhelm Müller und Waldemar Lind dabei und haben viele Aufnahmen gemacht. Dabei waren dann auch die vielen Wyker Kinder und die Kindermächen. Berta Jensen ist auf den Bildern besonders gut an ihrem riesigen Hut zu erkennen, den man damals trug. Wir Kinder trugen meistens einen sog. Russenkittel oder die blau-weiß gestreifte Matrosenbluse." Zu den Stellen als Dienstmädchen in den Häusern Mölck und Okkens kehrte Agnes Osning später noch einmal zurück und erhielt von der zufriedenen Sophie Okkens ein Extrazeugnis: „Sie war durchaus treu, sehr fleißig und zuverlässig und außerordentlich sauber. Ich kann sie deshalb jedem empfehlen und wünsche ihr alles Gute."

Es existieren nur wenige Hinweise auf das private Leben meiner Großmutter während dieser Zeit. Fast zwanzig Jahre alt war Agnes, als sie im Sommer 1919 begann, in kurzen Sätzen Momentaufnahmen ihres Lebens festzuhalten. Auf das Blatt eines kleines, ovalen Blocks schrieb sie: „Agnes Osning, Wyk a/Föhr, Sandwall 119, Pension Guth, Sonntag d. 16. August 1919 in der Mittagstunde beim Anziehen." Nach den Einträgen in ihrem Gesindebuch war sie zu diesem Zeitpunkt schon fast zwei Jahre in der Pension Guth in Stellung. Meine Großmutter sprach später in sehr angenehmer Erinnerung von der Zeit in diesem damals sehr modernen, direkt am Sandwall gelegenen Haus, das das ganze Jahr über Zimmer oder auch ganze Wohnungen zu vermieten hatte. Mit den geschützten Balkons und Veranden zur See hin empfahl sich die „Pension Guth" im Badeführer von 1911 und betonte ausdrücklich das Vorhandensein von elektrischem Licht, Wasserklosetts und Badezimmern im Haus. Es gab genug Arbeit für die Dienstmädchen des Hauses und ihr Arbeitstag war lang. Nachdem sie vorher schon in fünf anderen Haushalten als Dienstmädchen gearbeitet hatte - meistens über die Sommermonate, wenn die vermieteten Zimmer mehr Personal verlangten, blieb Agnes Osning zwei Jahre als Dienstmädchen im Haus Guth.

Einige Blätter weiter in dem kleinen, ovalen Block finden sich die Zeilen: „Meine liebe, liebe, liebe Agnes! Wenn Du diese Zeilen liest, bin ich wohl schon fort." Eine unbekannte Martha schrieb diesen Gruß. Jahre später vermerkte meine Großmutter dazu: „Martha hat sich aus Liebeskummer das Leben genommen.“ Die jungen Dienstmädchen hatten sich nach den strengen Regeln der Gesindeordnung zu richten, die nur wenig Platz für ein eigenes Privatleben ließ. Der Besuch von Tanzveranstaltungen, das ziellose Herumbummeln und Kennenlernen junger Männer wurde überhaupt nicht gerne gesehen, denn schließlich wußte man ja, was daraus entstehen konnte! Zwar war die Herrschaft per Gesindeordnung berechtigt, die Dienstmädchen bei Schwangerschaft sofort zu entlassen, aber dann begann ja wieder die lästige Suche nach einem neuen Mädchen. Und so nahm man vorsichtshalber das Verbot des „nächtlichen Ausgehens und wiederholten Ausbleibens“ ebenso in die Gesindeordnung auf wie das des Betrinkens und des „Herrenbesuchs“.

Von diesen Sorgen allerdings war die inzwischen fast 23jährige Agnes Osning nicht geplagt nach zwei Jahren Dienstmädchenzeit in Hamburg. Aber sie hatte Heimweh nach Föhr! Und so wurde sie im September 1923 auf eigenen Wunsch entlassen und trat zwei Monate später eine neue Stelle im „Hotel-Fährhaus“, bei Anna Hülsdau, an.

Mit dem Zeugnis, sie habe „sehr zur Zufriedenheit“ als Hausangestellte gearbeitet enden die Einträge in dem „Gesinde-Dienstbuch“ Nr. 6/1916 von Agnes Osning, ausgefertigt von der „Polizeiverwaltung Wyk auf Föhr“ a. 28. 10. 1916.

Kindermädchen Agnes Osning und ihr Schützling Peter Okkens, 1920

Zwei Jahre nach dem letzten Eintrag in ihr Gesindebuch heiratete Agnes Osning den Maurer Wilhelm de la Roi aus Flensburg und hatte mit ihm drei Kinder - Otto, Renate, verheiratete Solger, und Henny, verheiratete Glasshoff. Am 12. April 1993 schrieb meine Großmutter: „Gestern war unser Hochzeitstag vor 67 Jahren. Nun bin ich 92 Jahre alt und Willi ist schon 14 Jahre tot.“

Die Angewohnheit, kurze tagebuchartige Einträge niederzuschrieben, die sich oft mit einigen Gedichtzeilen und getrockneten Blumen ergänzte, behielt meine Großmutter zeitlebens bei und vermerkte zu ihren Einträgen stets den Tag und die Uhrzeit. Dabei gibt es keine regelmäßigen Eintragungen, und manchmal ist es nicht mehr nachvollziehbar, warum sie sich gerade an diesem Tag ein paar Zeilen oder ein Gedicht in ihr Büchlein eingetragen hat.

Von Katharina Elisabeth Goethe notierte meine Großmutter: „Leben um nicht froh zu sein, überlaß den Toren, denn der Trieb zum Fröhlichsein wird mit uns geboren.“ Über den Notizen meiner Großmutter und den Skizzen ihrer Befindlichkeit aber liegt im Gegensatz zu diesen Zeilen oft eine melancholische Stimmung. Auch die Gedichte, die sie abschrieb und mit denen sie im Laufe ihres Lebens viele Bücher gefüllt hat, tragen diesen Grundton. Einer ihrer Töchter schickt sie später eine ihrer Gedichtsammlungen und schrieb dazu: „Wenn Du magst, liest einige Verse, es lenkt ab, ich mag sie gerne. Deine liebe Mutter.“

Und zum Schluß

Am Ende ihres Lebens schrieb meine Großmutter in ihr Gesindebuch unter die Reihe ihrer Dienststellen: „Damals waren wir Gesinde, heute sind sie Hausdamen.“

Das Gesindebuch mit Stempel der Polizeiverwaltung

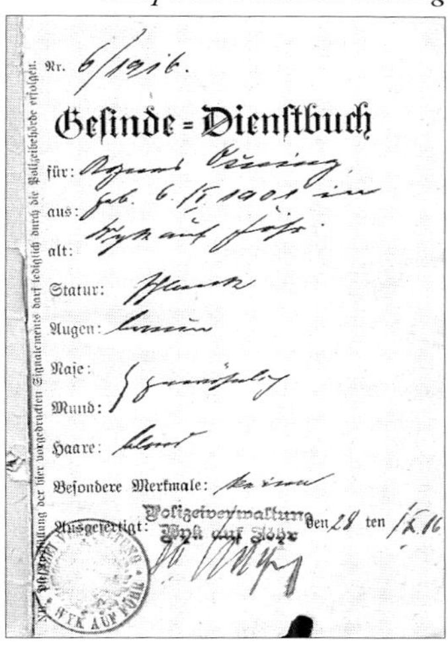
Nr. 6/1916.

Gesinde-Dienstbuch

für:

aus:

alt:

Statur:

Augen:

Nase:

Mund:

Haare:

Besondere Merkmale:

Ausgefertigt: Polizeiverwaltung Wyk auf Föhr den 28 ten

Sandwall 34

Von Julius Stockfleth gezeichnet

Elena Margaretha Papkes (1816-1902)
Logierhaus für Badegäste an der Kurpromenade

Auf Betreiben des Grönlandkommandeurs Matz Peters, genannt „Der glückliche Matthias“, dessen Klage, unter den zwölf Ratsleuten der Westerharde (Westerlandföhr und Amrum) sei kein einziger, der ein eigenständiges Urteil fällen könne, auf höchster Ebene in Kopenhagen sehr wohl beachtet wurde, soll es am Ende des 17. Jahrhunderts zu einschneidenden Veränderungen auf Föhr gekommen sein: Die alte Verfassung und das 12köpfige Ratskollegium wurden abgeschafft. Per königlicher Order seines Landesherrn König Christian V. kam Hermann Papke aus seinem Heimatort Hadersleben/Dänemark nach Westerlandföhr, das zusammen mit Amrum unter dänischer Herrschaft stand, um das Amt eines Birkvogts zu bekleiden. Von wenigen Ausnahmen, wie die Verwaltung des Deiches, bei der die Bevölkerung ein Mitspracherecht hatte, abgesehen, übte Birkvogt Papke die Rechtssprechung in diesem Terrotorium aus – mit „Birk“ bezeichnete“ man in Dänemark einen ausgesonderten Rechtsbereich. Papkes Nieblumer Gerichtsvogtei fiel unter die Zuständigkeit des Stifts Ripen und schließlich auf Reichsebene unter die Dänische Kanzlei in Kopenhagen. Auf Osterlandföhr hatte Wyk zwar ab 1706 als „Flecken“ einen eigenen Gerichtsvogt, der auch gleichzeitig der Fleckensvorsteher war, aber seine Kompetenzen waren begrenzt. Für größere Prozesse war die Westerlandföhrer Gerichtsvogtei in Nieblum zuständig, also Hermann Papke. Seine Amtsgeschäfte erledigte der Vogt in seinem Wohnhaus, während das Birkgericht in Wirtshäusern tagte. Nach 30jähriger Amtstätigkeit folgte ihm sein Sohn Christian Nicolai Papke ins Amt. 1729 hatte er die einflußreiche Familie von Matz Peters eingeheiratet. Agatha Jacobs, die Enkelin dieses berühmten Föhrers, war seine Frau geworden. Einige Jahre nach seinem Amtsantritt als Birkvogt mußte Papke wegen Unregelmäßigkeiten suspendiert werden. Es wurde ihm die „widerrechtliche Verwendung von Stempelpapier“ vorgeworfen und dabei kam heraus, daß er zwei Jahre nach seinem Amtsantritt schon einmal „von seinem Richter-Stuhl gewiesen“ worden war. Als Christian Nicolai Papke schließlich 1743 seinen Dienst „wegen Schwäche“ nicht mehr versehen konnte, ergaben Überprüfungen, daß er einen Berg Schulden angehäuft hatte. Dies wurde im Birkprotokoll vermerkt und Papke blieb bis zu seinem Tod 1748 im Amt. Neun Kinder hatte er mit seiner Frau Agatha Jacobs, von denen zwei an Epilepsie starben, nachdem sie immer wieder „zuweilen ganz außer sich“ gewesen waren. Sohn Jacob studierte in Kopenhagen und wurde dann Pastor; Sohn Hermann fuhr als Steuermann über die Weltmeere. Dessen Sohn war Peter Bendix Papke, und ihm gehörte ab ca. 1825 das Haus am Sandwall 34. Er heiratete 1816 in zweiter Ehe J. Marret Arfsten aus Boldixum. Der gemeinsamen Tochter Elena Margaretha Papke gehörte ein über hundert Jahre altes Haus, als sie 1858 im zweiten Wyker Erdbuch als Eigentümerin eingetragen wurde.

Nicht nur auf der Zeichnung von Julius Stockfleth aus dem Jahr 1918, sondern auch auf anderen Darstellungen des Hauses waren noch deutlich die Buchstaben „PJ“ und „AP“ links und rechts auf dem Giebel zum Sandwall hin zu erkennen und deu-

Julius Stockfleths Zeichnung von 1918

teten auf den Erbauer des 1744 fertiggestellten Hauses hin: Peter Johnen. Er war Kapitän, kam aus Husum und war in Wyk mehrmals verheiratet. Die Buchstaben „AP“ standen dabei für seine dritte Frau, die er 1760 ehelichte: Anna Catharina, die Tochter des Arztes Hinrich Mill. Mit ihrer Heirat hieß sie nach der patronymischen Namensfolge (Vorname des Mannes ist der Nachname von Ehefrau und Kinder) Anna Peters. Ihr Mann hatte ein sehr stattliches Haus am Sandwall gebaut, das im Verhältnis zu den anderen sehr groß war und sich hundert Jahre später sehr gut dafür eignete, ein paar Stuben an Badegäste zu vermieten.

Am 7. Mai 1857 brach im ehemaligen „Königshaus“, das nach dem Ende der „Königszeit“ (1842-1847) dem Hotelier Redlefsen gehörte, ein Feuer aus, das die Hälfte Wyks in Schutt und Asche legte. Ungünstige Umstände führten zu dieser Katastrophe: Es war Hohlebbe, so daß die Schläuche nicht bis zum Wasser reichten, und die Strohdächer der Wyker Häuser waren durch lange anhaltenden Ostwind ausgetrocknet. Das Feuer wütete in unvorstellbarem Ausmaß: 96 Häuser brannten nieder, 190 Familien wurden obdachlos. Lena Margaretha Papkes Haus aber blieb 1857 genauso von den Flammen verschont wie beim nächsten großen Brand im Jahr 1869. Und so konnte der 1907 auf seine Heimatinsel zurückgekehrte Maler Julius Stockfleth noch 1918 das 174 Jahre alte Haus mit seinem Zeichenstift festhalten, bevor es abgebrochen wurde. Stockfleth war und ist noch heute bekannt für seine Wyker Ansichten: „Manch‘ schönes Bild ... wurde von Stockfleth angefertigt, und von vielen Badegästen wurden seine Ölgemälde zum Andenken an Wyk erworben. Für das Museum hat er verschiedene Blätter aus ‚Alt-Wyk‘ angefertigt, da er ein sehr gutes Gedächtnis von der Ortslage vor den großen Bränden, die Wyk heimsuchten, hatte.“

Und zum Schluß

Nachdem das „Modehaus Cornelia“ über Jahrzehnte auf dem Grundstück des ehemaligen Hauses von Lena Margaretha Papke stand, wurde das Gebäude im Herbst 2001 abgebrochen und ein neues Wohn- und Geschäftshaus darauf errichtet.

„Emanzen“ auf der Promenade

Luise Büchner (1821-1877), Ida von Kettner (1809-1895) und Emilie Wüstenfeld (1817-1875)

„Die Kraft meines Geistes durfte ich niemals entfalten“, beklagte sich eine Amerikanerin im 19. Jahrhundert und sprach damit stellvertretend für fast alle Frauen ihrer Zeit in allen Gegenden der Welt. Es galt der Grundsatz: „Eine gute Frau hat keinen Kopf“, also bekamen Mädchen auch keine Bücher und keinen Unterricht, aus dem sie etwas Sinnvolles hätten lernen können. Im Gegenteil: Sie wurden vollgepfropft mit nutzlosem ‚Wissen‘, das sie zu nichts befähigte als zur Rolle der fügsam-stillen, liebreizenden und sanften Frau, die nach Vorstellung der meisten Männer der Zeit am liebsten für immer im Stadium des Kindseins verharren sollte. Die Schriftstellerin Vicki Baum schrieb: „Meine Großmutter war ein Kind, als sie heiratete und das blieb sie ihr Leben lang.“ Das norddeutsche Adelsfräulein Franziska zu Reventlow aus der Gegend von Husum konnte das nur bestätigen: „Sie machen sich gar keinen Begriff, wie mit solch unglücklichen Backfischen zu Hause und in Pensionen verfahren wird, ihnen werden die unnötigsten, uninteressantesten Kenntnisse eingetrichtert, furchtbar viel Religion, Grammatik, Handarbeiten und Klavier. Sie sollen gewaltsam in eine Schablone gepreßt werden; was dabei herauskommt, können Sie an den Durchschnitts-jungen Mädchen und -Frauen sehen, ungebildete, bleichsüchtige, spitzenklöppelnde, interesselose Geschöpfe; die, wenn sie sich verheiraten, in Haushalts- und Kindergeschichten aufgehen und ihrem Mann unmöglich etwas sein können, als eben seine Hausfrau - bleiben sie ledig, so entsteht aus ihnen die Sippe der unleidlichen alten Jungfern, über die sich alles lustig macht“.

Franziska zu Reventlow brach aus dem Korsett ihrer „Bestimmung“ als Frau aus und verließ ihr Zuhause, um in der Schwabinger Szene zu Beginn des 20. Jahrhunderts so zu leben und zu arbeiten, wie sie es für richtig hielt. Sie war nicht die Einzige, in ganz Europa und Amerika meldeten sich Frauen zu Wort und beanspruchten mehr als nur die Reduzierung auf die „Drei K“ - Kinder, Küche und Kirche. Sie wollten endlich Zugang zu Wissen und Welt. Bis dahin aber war es noch ein langer Weg, und nur wenige Mädchen hatten das Glück, trotz ihrer Weiblichkeit einen regelmäßigen Unterricht besuchen zu dürfen. Welche Eltern hatten schon den Mut, ihre Tochter so viel lernen zu lassen, daß sie nachher kein Mann mehr nehmen würde? Denn wer wollte schon zu Hause einen „Blaustrumpf“ haben, der über den Büchern hockte und nicht einmal eine warme Mahlzeit zubereiten konnte, sich dafür aber im im Lauf der Gestirne und in der Medizin auskannte? Nein, was für eine entsetzliche Vorstellung! Das erklärte Lebensziel der Frau war schließlich die Ehe, und daran war nicht zu rütteln.

Das meinten Männer wie Jean Jacques Rousseau, Immanuel Kant, Arhur Schopenhauer, Heinrich von Treitschke, Rudolf Virchow und fast alle anderen auch. Aber es wurde bereits ganz heftig an den Gitterstäben des Gefängnisses „Bestimmung“ gerüttelt, und die Zeit gab den Frauen, die sich wehrten, Recht. Zu viele blieben unverheiratet und lagen nun der wenig begeisterten Verwandtschaft ‚auf der Tasche‘ oder mußten sich mit ‚peinlichen‘ und heimlichen Gelegenheitsarbeiten selbst versorgen. Aber wie, wenn sie doch nichts gelernt hatten? Und wie sollten sie etwas lernen, wenn man die Schul- und Universitätstore vor ihnen fest verriegelte?

Aber es gab Mädchen, die hatten Glück. Sie mußten sich ihres hellwachen Verstandes, der sich für etwas anderes als feinste Stickarbeiten und leichthändiges Aquarellieren interessierte, nicht schämen. Zu ihnen gehörte die junge Prinzessin Viktoria von England, die das nachdenkliche Wesen ihres Vaters, Prinz Albert zu Sachsen-Coburg-Gotha, geerbt hatte und sich schon bald als die Begabteste der neun Kinder erwies, die die königlichen Paläste von Prinz Albert und seiner Frau, Queen Viktoria, mit ihren Späßen belebten. Viktoria war ein ruhiges Mädchen, las viel und dachte nach. Ihre rasche Auffassungsgabe, ihre Neugier auf die Welt und ihr ungewöhnlich umfassendes Wissen machten die junge Viktoria in den Augen ihres Vaters zu einer vielversprechenden Kandidatin auf dem Heiratsmarkt der europäischen Prinzessinnen. Albert meinte, seine Tochter habe „den Kopf eines Mannes" und ließ der erst 14jährigen einen Schreibtisch neben seinen stellen und sie bei seinen Regierungsgeschäften assistieren. Äußerlich ähnelte Viktoria ihrer Mutter; sie war klein und füllig. Aber sie hatte auch deren Lebenslust geerbt und konnte sich manchmal zum Entsetzen der Queen ganz und gar unmajestätisch benehmen, indem sie viel zu laut lachte, das Essen hinunterschlang und „wie eine Ente watschelte". Sie war in vielem so ganz anders als die Prinzessinnen ihrer Zeit, und mancher hegte Zweifel, ob dieser ‚Wildfang', der zu allem Übel auch noch über ein kluges Köpfchen verfügte, überhaupt einen Mann finden würde.

Aber die Sorge war unbegründet. Der deutsche Kronprinz Friedrich Wilhelm, den Viktoria 1851 sachkundig durch die Londoner Weltausstellung geführt hatte, verliebte sich in die Prinzessin. Sieben Jahre später heirateten sie und die unaufgeklärte Viktoria verließ ihr Elternhaus mit dem mütterlichen Ratschlag, sie solle ihrem Mann vertrauen und das tun, was er sage, so seltsam es ihr auch erscheinen möge.

Es wurde eine glückliche Ehe, in der zwei Menschen sich nicht nur liebend, sondern auch intellektuell gefunden hatten.

Der alte Sandwall von der Ecke Mittelstraße hinunter zum Hafen

Viktoria hatte starken Einfluß auf die liberale Haltung ihres Mannes und gehörte selbst zu denen, die die bürgerliche Frauenbewegung in Deutschland unterstützten. Deren wohl bekannteste Repräsentatin, Helene Lange, erhielt von der Kronprinzessin nicht nur finanzielle Unterstützung, Viktoria besuchte 1889 auch die Eröffnung der von Männerseite heftig bekämpften „Realkurse" für Frauen in Berlin, mit denen Helene Lange den Grundstein für die ersten Mädchengymnasien legte. Längst war der Bildungsnotstand der Mädchen und die damit einhergehende Unmöglichkeit der Selbstversorung und eines selbstbestimmten, zufriedenen Lebens über die fortschrittlichen Kreise hinaus bekannt, trotzdem versuchten führende Pädagogen, Professoren, Mediziner und Politiker weiterhin mit allen Mitteln, das weibliche Geschlecht in seine „Bestimmung" als Ehefrau, Hausfrau und Mutter einzusperren.

Aller Anfang für eine Veränderung lag in der Bildung. „Ein großer Vorzug des Knaben vor dem Mädchen" liegt darin, „daß er gewöhnlich bis ins Jünglingsalter unter Beaufsichtigung und nach einer festen Regel lernt; daraus entwickelnt sich der Grund seiner späteren Bildungsfähigkeit, nicht aus seinen größeren Geistesgaben … . Die allgemeine Bildung, die menschlich frei und tüchtig macht, darf der Frau unter keiner Bedingung vorenthalten werden", schrieb Luise Büchner. Der familiäre Hintergrund der Schriftstellerin und Frauenrechtlerin aus Darmstadt wurde als ‚verdächtig' eingestuft, schließlich war ihr Bruder der sozialkritische Schriftsteller und Revolutionär Georg Büchner, und sie selbst hielt in ihrem Haus nicht nur Vorlesungen über Weltgeschichte für die Opfer der männlichen Bildungspolitik, sie rief den Frauen auch zu: „Ihr sollt ja dem Manne völlig gleichberechtigt zur Seite

Luise Büchner

gestellt werden!" Die gut ausgebildete und liberale Kronprinzessin Viktoria hatte die Zeichen der Zeit erkannt und lud Luise Büchner zu einem Besuch nach Föhr ein, wo die kaiserliche Familie 1873 zur Sommerfrische weilte. Eine zweite Gesprächspartnerin in dieser Frauenrunde war Ida von Kettner aus Karlsruhe, die sich seit Jahren der Förderung von Bildung und Erwerbstätigkeit der Frauen widmete und für diesen Bereich vor kurzem die Präsidentschaft im Badischen Frauenvereins übernommen hatte. Im August 1873 erhielten Büchner und Kettner zusammen mit Emilie Wüstenfeld eine Einladung zum Tee bei der Kronprinzessin. Emilie Wüstenfeld war aus Hamburg angereist, wo man ihren Namen mit etwas ganz außerordentlich Ungewöhnlichem verband - sie gehörte zu den Gründerinnen der „Hochschule für das weibliche Geschlecht", in der junge Frauen endlich mehr lernen konnten als bisher. Von namhaften Wissenschaftlern und Künstlern wurden Vorlesungen in den Fächern Philosophie, Geschichte, Anthropologie, neue Sprachen, Geschichte, Botanik und Kunst gegeben. Und wenn das Projekt auch schon nach zwei Jahren wegen interner Schwierigkeiten scheiterte, so gehörte Emilie Wüstenfeld doch zu den Frauen, von deren Erfahrung und Wissen die Kronprinzessin beeindruckt war und im Hinblick auf ihre spätere Regentschaft profitieren wollte.

Emilie Wüstenfeld

Auf Einladung des Kronprinzenpaares fand ein Tanzfest im Kurhaus statt, zu dem alle Föhrer Mädchen gebeten wurden, die sich am Empfang der hohen Herrschaften beteiligt hatten. Die Einladungen gingen nur an sie allein, und zwar mit der Aufforderung, „sich einen Kavalier, Tänzer oder ‚Schatz' ... mitzubringen." Am Sandwall strömte nun alles zusammen: „Die Damen in den feinen Promenadetoiletten neben den Föhrer Bäuerinnen, die alle den höchsten Festtagsschmuck, die breite weiße Schärpe, die schweren Silberketten mit den gehenkelten Münzen und die großen silbernen Knöpfe an den Ärmeln angelegt hatten“ und auch die Gäste der Kronprinzessin. Luise Büchner, Ida von Kettner und Emilie Wüstenfeld weilten schon einige Tage auf Föhr und hatten sich bereits wiederholt zum Tee bei Kronprinzessin Viktoria eingefunden: „Frau Wüstenfeld wurde von Fräulein Büchner der Kronprinzessin vorgestellt; diese war stark gefesselt von der Persönlichkeit der Frau Wüstenfeld“. Zu Luise Büchner hatte Viktoria schon über ihre Schwester Alice, Großherzogin von Hessen-Darmstadt, Kontakt erhalten. Mit der Gründung des von der Großherzogin unterstützten gemeinnützigen „Alice-Frauenvereins“, der zu einer vorbildlichen Organisation für ganz Deutschland wurde, verfolgte Luise Büchner ihr Ziel, die bisher nur karitativ ausgeübte Kranken- und Verwundetenpflege zu einem bezahlten Frauenberuf zu machen und setzte sich für die Bildung und Erwerbstätigkeit ihrer Geschlechtsgenossinnen ein.

Quartier hatten die Damen am Sandwall bei Georg Weigelt (heute: „Milchbar“) genommen, dem seit 1856 das Wyker Bad gehörte. Ob sie ihr Logis zum Promenieren verließen, sich den Strand einmal näher anschauten, zum Tee bei Kronprinzessin Viktoria gingen, eine Erfrischung einnehmen wollten oder kleine Einkäufe zu erledigen hatten - der Weg führte sie immer über den Sandwall. Und so begegneten die Einheimischen und Kurgäste den drei Damen Büchner, Kettner und Wüstenfeld des öfteren und wunderten sich jedesmal über deren gesittetes Auftreten. Sie trugen dunkle, lange Kleider, hatten das Haar ordentlich frisiert, gingen gemessenen Schritt, grüßten freundlich und benahmen sich überhaupt nicht anstößig. Waren das die Frauen, vor denen die Männer lauthals warnten, die sich in Wort und Tat so stark für ihr eigenes Geschlecht einsetzten und es wagten, den Männern laut zu widersprechen, die Bücher schrieben, Schulen gründeten und nach so etwas Ungehörigem wie „Emanzipation“ riefen? Kaum zu glauben, daß sie so normal aussahen! Man hatte doch von dieser Französin gehört, die in Männerhosen und Zigarre rauchend durch Paris gegangen war, die Liebhaber hatte und skandalöse Bücher schrieb, in denen die Frauen zur Ehe ‚nein, danke‘ sagten und einfach davongingen.

„Mannweib“, „hysterische Ziege“ und „Emanze“ pöbelten die Männer und hielten ihre eigenen Frauen noch fester verschlossen im Haus.

Und die Föhrerinnen? Hatten sie die Namen dieser Frauen schon einmal gehört? Sprachen sie über diese Damen auf der Promenade? Gelangten deren Anliegen überhaupt in den Bereich ihrer Gedanken? Was wußte und dachte Stine Andresen, die 1873 kurz vor ihrer Heirat stand? Erst zwanzig Jahre später sollte ihr erster Gedichtband erscheinen, der ihr nach dem Tod ihres Mannes ein kleines Einkommen ermöglichte. Sie lebte zeitlebens in äußerst bescheidenen Verhältnissen, aber sie schaffte es über ihre Arbeit, einen eigenen Weg zu gehen. Und die Frau des Lehrers und Heimatforschers Ocke Nerong? Friederike war eine geborene Lorenzen von der Wyker Werft, die nach dem frühen Tod des Vaters von ihrer Mutter Henriette Boezine Lorenzen in strengem Regiment weitergeführt wurde. Auch Friederike war 1873 noch nicht verheiratet, bekam dann später sechs Kinder und war zeitlebens mit ihrer Familie ausgelastet, aber so auch versorgt. Es ist nicht bekannt, in welchem Maß Ocke Nerong seine Frau in die Welt des Denken, Lehrens und Forschens miteinbezog, welche Gespräche das Ehepaar führte. Friederike Nerong soll es im Alter als harte Prüfung empfunden haben, „ihren allzeit auf mütterliche und hausfrauliche Tätigkeit gerichteten Sinn“ nicht mehr ausleben zu dürfen. So stand es in ihrem Nachruf, aber vielleicht war hier in Gestalt des Schreibers nur die althergebrachte Männervorstellung am Werk, und Friederike, die aus einem gebildeten Elternhaus kam, war froh, von dieser nie endenden Tätigkeit befreit zu sein und endlich in Ruhe nachdenken und lesen zu können.

Wenn die Beziehungsnetze der Föhrerinnen untereinander auch z.T. bekannt sind, so ist über ihre Gespräche, über das, was sie wirklich bewegte, doch kaum etwas überliefert – und damit auch nichts über die Wirkungsgeschichte der „Emanzen“ auf der Promenade. Vielleicht ist es wahr, daß die Föhrerinnen aufgrund ihrer besonderen Lebensweise als Frauen der oft monatelang zur See fahrenden Männer schon immer selbständiger als andere und damit ihrer Zeit voraus waren. Aber nicht alle Männer fuhren zur See und trugen so zum Fortschritt der Menschheit bei.

Und zum Schluß

Die Friesinnen gingen als Erfinderinnen eines Kriegswerkzeuges, nämlich des Grütztopfes, ebenso in die Geschichte ein wie die Föhrerinnen, die als trauernde Seefahrerwitwen zwischen den zu beklagenden Verlusten gar nicht mehr dazu kamen, die Trauerkleidung abzulegen, die als stolze Trachtenträgerinnen bei der Beerdigung eines verhaßten Deichvogts die bunte Tracht zum Zeichen ihrer Freude trugen und als hart arbeitende Landfrauen von sich reden machten: „Die eine Mäherin will größere Schwaden hinter sich lassen als die andere. Alle sind so fleißig, daß das Rauschen und Sensedengeln das Geschrei der aufgescheuchten Vögel übertönt!"

Die männlichen Inselchronisten der vergangenen Jahrhunderte ‚vergaßen' über ihre Festschreibung eines bestimmten Bildes von der Föhrerin, die Frauen der Insel mit der gleichen historischen Sorgfalt für das Einzelschicksal der Nachwelt zu überliefern, die sie für sich selbst in Anspruch nahmen. Und so schimmert nur gelegentlich das tatsächliche Leben der Insulanerinnen hinter leeren Worthülsen und austauschbaren Schablonensätzen hervor.

Von der alten Dagebüller Holzmole ging es mit der „Nordfriesland" nach Föhr rüber.

Sandwall 42

Das erste Wyker Bad trug den Namen einer Frau

Prinzessin Wilhelmine (1808-1891)

Kühl kalkulierte und strategisch günstige Heiratsverbindungen zwischen regierenden Adelsfamilien und die nicht kalkulierbaren Herzens- und Sinneswünsche der Beteiligten schufen über Jahrhunderte komplizierte und illustre Verwandtschaftsbeziehungen in den regierenden Häusern Europas. So war es auch bei der kleinen Prinzessin Wilhelmine, die als Tochter des dänischen Königs Friedrich VI. und seiner Frau Marie von Hessen im Jahre 1808 in Kiel zur Welt kam. Ihr geisteskranker, brutaler und frivoler Großvater, Christian VII. von Dänemark, wurde 1771 Vater einer außerehelichen Tochter seiner Frau Karoline Mathilde von England, die mit dem Leibarzt Johann Friedrich Struensee ein Verhältnis hatte. Das Mädchen nannte man am dänischen Hof ganz offen „la petit Struensee" und ging zur Tagesordnung über. Die junge Mutter aber wurde Opfer der politischen Verhältnisse und nach Celle verbannt. Dort starb sie mit 24 Jahren. Die mit Struensee gezeugte Tochter, die schöne und mit „beunruhigender" Vitalität ausgestattete Louise Augusta, war die (Stief-)Tante von Prinzessin Wilhelmine und in deren erster Ehe gleichzeitig die Mutter ihrer Schwiegermutter, bzw. die Großmutter ihres Ehemannes. Dessen Vater war der Nachfolger von Wilhelmines Vater auf dem dänischen Königsthron gewesen und hatte die Nichte seines Vorgängers geheiratet, die wiederum eine Tochter der Struensee-Tochter war.

Prinzessin Wilhelmines 1828 geschlossene Ehe mit dem politisch unfähigen und unselbständig denkenden Friedrich VII. von Dänemark, der die Nachfolge des auf Föhr beliebten Christian VIII. angetreten hatte, sorgte zwar zunächst für allgemeine Freude, aber schon bald wurden die Schwierigkeiten offenkundig. Die liebenswürdige und rechtschaffene Wilhelmine war nicht in der Lage, ihrem launischen und degenerierten

Gatten Grenzen zu setzen. Selbst keine starke Persönlichkeit, wurden die Attacken ihres robusten Gatten bald zum Schrecken ohne Ende für sie. Ihre Eltern erreichten schließlich die Auflösung der kinderlosen Ehe, und neun Jahre nach der Hochzeit wurde Wilhelmine geschieden.

Wilhelmines Eltern pflegten in diesen Jahren das äußerliche Bild einer glücklichen Familie, die in biedermeierlicher Gemütlichkeit spazieren und Segeln ging. Der Schein trog. Schon seit zwanzig Jahren mußte sich die Königin damit abfinden, daß ihr Mann, Friedrich VI., seine privaten Stunden am liebsten im Haus seiner Mätresse Friederike Dannemand verbrachte, die vier Kinder von ihm zur Welt brachte. Ihre intime Verbindung dauerte das ganze Leben, und auch ihre Untreue während des Königs Anwesenheit auf dem Wiener Kongreß kostete die Dannemand nicht ihre priviligierte Stellung. Ihr Kind mit einem schwedischen Kaufmann wurde weggegeben; der königliche Liebhaber verwies Friederike Dannemand kurzzeitig aus seinem Leben, holte sie aber schon bald wieder zu sich zurück. Sie überlebte den König um 23 Jahre und schaffte es, alle gemeinsamen Kinder mit einem Adelstitel und entsprechenden Apanagen zu versorgen.

Ein Jahr vor dem Tod Friedrich VI. heiratete seine Tochter Wilhelmine wieder, diesmal den fünf Jahre jüngeren Herzog Karl von Schleswig-Holstein-Sonderburg-Glücksburg, dessen Teilnahme am Krieg von 1848 auf der Seite der Schleswig-Holsteiner zu Irritationen mit seinen dänischen Schwiegereltern führte. Das Ehepaar hielt sich daraufhin für ein paar Jahre in Dresden auf und kehrte schließlich versöhnt in die Heimat zurück.

Zu den Orten, die noch heute mit dem Namen der Prinzessin verbunden sind, gehören Louisenlund, die wunderschön gelegene Sommeresidenz ihres Großvaters Landgraf Karl von Hessen-Kassel an der Schlei, und das Renaissanceschloß Glücksburg bei Flensburg. Zusammen mit ihrem Mann stattete Wilhelmine Glücksburg nach 1871 reich aus. Die Gemäldesammlung, Ledertapeten, Gobelins und der Rote Saal gehören heute zu den Attraktionen des Schloßes. Wilhelmine lebte bis zu ihrem Tod auf Schloß Glücksburg. In Wyk blieb ihr Name für viele Jahre mit dem ersten Bad verbunden, das 1819 gegründet wurde.

Ihr Großvater, Landgraf Karl von Hessen-Kassel, unterstützte das nach Bad Doberan (1793), Norderney (1797), Travemünde (1802), Boltenhagen (1803), Wangerooge (1804) und Haffkrug (1813) neu entstehende Bad mit der Zeichnung einiger Aktien und schrieb nach Föhr an den Land- und Gerichtsvogt von Colditz: „Mit Vergnügen höre ich von dem Fortgang Ihrer Heilanstalt, und wie sehr Sie sich um die Erhaltung des gesunkenen Fleckens bemühen, wie überhaupt um die Insel und Ihre Bewohner verdient machen, derer ich mich von meinem Besuch in früheren Jahren oft und gerne erinnere."

Schon in einem Bericht von 1785 heißt es über Föhr: „ ...diese Insel würde ein guter Erfrischungsort sein!" Aber erst mit dem Amtsantritt des neuen Land- und Gerichtsvogts von Colditz kam Bewegung in diese Angelegenheit. Selbst ein Freund des Badens in der Nordsee, erkannte er in der Gründung eines Seebades auch neue Einnahmequellen für die Insel, deren legendäre Zeit der Walfänger zu Ende war. Im Juli 1819 konnte das Seebad Wyk eröffnet werden, und in der ersten Saison kamen gleich 61 Badegäste. Während das Baden in der Nordsee streng geordnet von bestimmten Plätzen aus, den Seebadeanstalten für Damen und Herren (getrennt!) am Südstrand, angeboten wurde, konnten warme Bäder in dem extra dafür eingerichteten Badehaus von Georg Weigelt am Sandwall genommen werden. Dabei wurde das Nordseewasser zunächst in einen Holzbehälter gepumpt und von dort in die Heizkessel weitergeleitet. Damit die Badenden nicht frierren mußten, wurden die Badestuben (erst vier, später sieben) mit Körben voller glühender Kugeln erwärmt. Und hatte man sich dann entkleidet, stieg man in eine der Holzbadewannen und genoß die Heilkraft des salzigen Nordseewassers. Und auch für eine schöne Umgebung des Badehauses wurde gesorgt: Die Königliche Forstverwaltung stellte ein Jahr nach der Gründung des Seebades tausend junge Bäume zur Verfügung, die am Sandwall gepflanzt wurden und bald zum Promenieren einluden. Daneben dienten verschiedene neue Bauten wie das „Gesellschaftshaus" (heute: Kurhaus) mit seinem 30 m langen Säulengang für trockene Spaziergänge im Regen dem angenehmen Aufenthalt der Gäste ebenso wie das Aufstellen von Ruhebänken und die Möglichkeit, um 2 Uhr mittags den frischen Fisch an der „Table d'hôte" des „Gesellschaftshauses“ zu genießen. Dort fanden auch die „Assembles“ am Abend statt - eine gemeinsame Veranstaltung für Damen und Herren, bei der man Karten spielte oder Konzerten lauschte. Vier Jahre nach der Gründung sahen die Zahlen gut aus: 1823 besuchten 170 Gäste das Bad, und es wurden 883 kalte und 1027 warme Bäder genommen. Im Jahr darauf kamen bereits 185 Gäste. Im Jahr 1824 war einer von ihnen König Friedrich VI., Vater von Prinzessin Wilhelmine. In den zwei Tagen seines Aufenthalts besuchte er Nieblum und übernahm dort die Patenschaft der zwei Tage alten Tochter Friedericke Marie des Birkvogten Nielsen, fuhr von Utersum hinüber nach Amrum und ließ sich in Wyk die Badeanstalt zeigen. Mit seiner Genehmigung trug sie von nun an den Namen seiner Tochter: „Wilhelminen-Seebad auf Föhr“.

Das junge „Wilhelminen-Seebad“ konnte sich in den folgenden Jahren einer stetig wachsenden Gästeschar erfreuen, wobei allerdings nur selten Personen aus dem Gebiet südlich der Elbe anreisten. Einer davon muß wohl aus Stuttgart gekommen sein, denn er schrieb in Johann Friedrich Cottas viel gelesenem „Morgenblatt für gebildete Stände“, das Essen sei in Wyk „nur mitunter“ gut, für „Nichtleidende“ gäbe es zu wenig Abwechslung und die Anzahl der Kinder übersteige oft die der Erwachsenen, da jede Dame oft „ihre sämtlichen Pflänzchen“ dabei habe.

Friedrich VII. und Gräfin Danner

Am Ende seines Lebens besuchte König Friedrich VII., Wilhelmines erster Ehemann, zusammen mit seiner Frau, Gräfin Louise Danner, das „Wilhelminen-Seebad auf Föhr“. Die ehemalige Schauspielerin am königlichen Theater in Kopenhagen und spätere Besitzerin eines Modesalons, wußte mit ihrem Friedrich umzugehen und konnte ihn mit ihrer resoluten Aufsteigernatur bändigen. Die allgemeine Verärgerung über diese Mesalliance wurde noch größer, als sich Louise Danner in die Politik einmischte und über den Fall eines Ministers zu größerem Einfluß zu kommen versuchte.

Und zum Schluß

Über das Andenken an Prinzessin Wilhelmine heißt es: „Auf dem kleinen Geestgaard an der Wilhelminenstraße [in Glücksburg] ist ... von den dankbaren Einwohnern des Ortes ein schlichtes Denkaml gesetzt worden, auf dem ihrer beider Bilder [Wilhelmine und ihr Ehemann Karl] in bronzenen Medaillions eingelassen sind.“

Auf Föhr ist Prinzessin Wilhelmine, die Namensgeberin des 1. Wyker Bades, heute vergessen.

Badewäsche im Nordseewind

Sandwall 15

Freundin der Inseldichterin

Rosina Schau, geb. Knudsen (1851-1933)

„Am Nachmittag waren wir zu Rosina Schau eingeladen, da hatten wir es sehr nett und gemütlich, hatten interessante Gespräche von alten und neuen Zeiten, diese Kaffeegesellschaften strecken sich dann aus übers Abendbrot bis nach 10 Uhr", schrieb Christiane Jensen 1908 auf Föhr in ihr Reisetagebuch. Nach 36 Jahren kehrte sie zum ersten Mal wieder auf ihre Heimatinsel Föhr zurück, nachdem sie 1872 einen Bauernsohn aus Wrixum geheiratet hatte und ihm nach Amerika gefolgt war. Das Wiedersehen mit den Freundinnen aus der Schulzeit war bewegend: „Ich kannte sie nicht in Aufregung und Tränen. Sie waren alle so vermummt, die meisten hatten falsche Zähne und dann - die 36 Jahre, die dazwischen lagen ... und ich rief aus: ‚Ich kenne euch ja gar nicht!' Auch in der Gruppe der Freundinnen rannen die Tränen. Aber zu aller Beruhigung meinte eine aus dem Kreise: ‚Datt makt nix, Christiane weent ok! Denn könen wie ok weenen!'"*

Freundinnen: Rosina Schau (oben) und Stine Andresen

Die Frauen des Empfangskomitées am Wyker Hafen kannten sich fast alle schon aus ihrer Schulzeit, die für sie unzertrennlich mit Christianes Vater, dem Lehrer Christian Georg Heinsen, verbunden war. Neben ihrer Heimatinsel Föhr, der friesischen Sprache, dem gemeinsam besuchten Konfirmationsunterricht und einer ähnlichen Lebensumgebung, in der sie aufwuchsen, war es Heinsen, der eine entscheidende Gemeinsamkeit und ein starkes Bindeglied der mehr oder weniger

*"Das macht nichts. Christiane weint auch, dann können wir auch weinen!"

gleichaltrigen Freundinnen darstellte. „In der Boldixumer Dorfschule führte ein tüchtiger Mann das Regiment: der Lehrer und Küster Christian Georg Heinsen. Heinsen gehörte zur großen Zahl der guten Pädagogen, die ihre Ausbildung am Seminar Tondern erhalten haben. Er war sehr an Literatur und an Fremdsprachen interessiert". Heinsen soll es gut verstanden haben, „seine bildsame Schülerin Stine besonders zu fördern", schreibt Jakob Tholund in seinem Buch „Vom Schatz der Lieder. Stine Andresen - eine Dichterin von Föhr".

Lehrer Heinsen war schon fast zwanzig Jahre tot, als seine Tochter Christiane für einen Besuch nach Föhr zurückkehrte, aber es wurde viel von ihm gesprochen, zumal seine Schülerin Stine Andresen inzwischen eine bekannte Dichterin geworden war. Um sie herum scharte sich wie damals in der Schule ein großer Freundinnenkreis, zum dem neben Christiane Jensens Schwester Pauline Bleeg, in deren Nieblumer Haus Lehrer Heinsen gestorben war, auch die Schwiegertochter des Boldixumer Pastors, Eleonore Frerks, gehörte. Zusammen mit ihrem Mann, der Landwirt war, betrieb sie eine Gastwirtschaft in Wyk (Große Straße 41). Zu dem Kreis um Stine Andresen gehörte auch Theodora Tedsen aus Boldixum, die nach dem frühen Tod ihres Mannes einen Lebensmittelladen in Boldixum (Ocke-Nerong-Str. 16) eröffnete.

Die gemeinsame Freundin Rosina Schau kam aus Oevenum. Ihr Vater war Martin Knudsen, Sohn des Kapitäns und Kirchenjuraten Knudt Broder Knudsen, der mit seiner Frau Rosina Maria sieben Kinder hatte. Vier erreichten das Erwachsenenalter und gründeten wiederum neue Familien der auf Föhr weitverzweigten Knudsens. Rosina Schaus Cousine war die Dichterin Namine Witt, und Eike Jensen, die Mitarbeiterin Carl Häberlins am neu gegründeten Friesenmuseum, war auch direkt mit ihr verwandt. Rosina Knudsen heiratete mit 23 Jahren Johannes Schau, nach Aussage einiger Wykerinnen und Wyker, die ihn noch kannten, soll er ein „kleiner, mickriger Mann" gewesen sein, der „sich selbst sehr wichtig nahm". Der Justizoberinspektor und Rechnungsrat Schau hatte 53 Jahre die Sekretärsstelle am Wyker Amtsgericht inne, wurde 90 Jahre alt und überlebte seine Frau um fünf Jahre. Seinen 90. Geburtstag verlebte er bei seiner Tochter in Flensburg, denn Rosa hatte Theodora Tedsens

Sohn Julius geheiratet, der den Grundstock für ein friesisches Wörterbuch legte.

Zum Zeitpunkt des Besuchs von Christiane Jensen war ihre Freundin Stine schon eine anerkannte Dichterin. Nichts hatte auf diesen Lebensweg hingewiesen, als Stine 1849 als Tochter der Eheleute Jürgen Erich und Louise Friederike Jürgens in Boldixum zur Welt kam. Sie verlor schon früh ihre Mutter, ebenso zwei Brüder. Vier Jahre nach ihrer Hochzeit mit dem Müller Emil Andresen brannte die Wyker Mühle ab (1878), sechs Jahre später starb ihre Schwester Elene, wenig später der Vater. Neben Lehrer Heinsen war er der Wegbereiter der späteren Dichterin Stine Andresens. Sie schrieb darüber: „In Boldixum auf der Insel Föhr geboren, verlebte ich meine Kindheit in glücklichen Verhältnissen. Mein Vater ... war ein wohlhabender Landwirt und ein geistig sehr begabter Mann." Und Jakob Tholund schreibt in seinem Buch über die Föhrer Dichterin weiter: „Wichtig für Stines Entwicklung war gewiß das geistige Interesse des Vaters. Wenn er seine Arbeit erledigt hatte, stopfte er die lange Pfeife, zündete sie an, schmauchte genußvoll und las - im Sessel sitzend - in einem Buch. Die Bauerntochter Stine mußte nicht nur kochen, putzen, stricken - sie durfte auch lesen! Schon in frühester Jugend lernte sie die Klassiker kennen, und sie vertiefte sich in Shakespeares Dramen, die ihr ... die liebsten waren. Diese Lektüre vermittelte Stine nicht nur den Zugang zur Weltliteratur, sondern damit zugleich den zur hochdeutschen Sprache. ... Die bestimmende Sprache ihrer Poesie wurde das Hochdeutsche."

Mit dem Tod ihres Mannes verlor Stine Anderesen auch ihren gewohnten Lebensbereich, denn die wieder aufgebaute Mühle mußte zwangsversteigert werden. Zu dieser Zeit war bereits ihr erster Gedichtband erschienen, von dem innerhalb weniger Jahre mehrere Auflagen gedruckt wurden. Stine Andresen unternahm zusammen mit ihren Freundinnen Reisen und machte die Bekanntschaft der rumänischen Königin, die unter dem Pseudonym Carmen Sylva Gedichte veröffentlichte. Stine Andresen hielt sich für einige Monate als Gesellschafterin der Burgschauspielerin Christine Hebbel-Enghaus in Wien auf, gewann Preise, veranstaltete Lesungen in Berlin und gab einen zweiten Gedichtband heraus (1903).

Im Jahr des Besuchs ihrer Freundin Christiane Jensen aus Amerika war Stine Andresen fast sechzig Jahre alt und auf dem Höhepunkt ihrer Popularität. Zusammen mit den Freundinnen unternahm sie im Sommer 1908 Ausfahrten über die Insel. Christiane Jensen notierte in ihrem Tagebuch: „Wir fuhren durch die Dörfer, denn nach dem Boldixumer Kirchhof zu unseren Gräbern, nach dem Südstrand, wo wir abstiegen, durch die Anlagen [des Nordsee-Sanatoriums] spazierten und alle die großen Gebäude betrachteten, dann stiegen wir wieder ein und fuhren nach dem Lembkehain, gingen durch den großen Park und denn den Stockmannsweg entlang nach Wyk." Vorbei an Rosina Schaus Haus ging es den Sandwall entlang zum Hafen und dann wieder Richtung Boldixum. Und überall auf den Dörfern die gleiche Szene: „Wir kommen gar nicht weiter, denn aus allen Häusern kommen die Menschen zur Begrüßung heraus." 36 Jahre war die Tochter des Küsters Heinsen, an die sich alle noch sehr gut erinnerten, nicht mehr zu Hause gewesen. Es gab viel zu erzählen, und Christiane Jensen notierte am 15. Juni 1908 in ihr Tagebuch: „Auch sonst sind sie hier in Allem mit der Welt fortgeschritten und es ist nicht mehr wie vor 36 Jahren! Ich habe mich gewundert über Frauen, deren Söhne studieren, wie

„Haus Rungholt"
direkt am Meer

klug und gewandt sie sich über alles unterhalten können! Na, auch in Kalifornien haben die Föhrer z.B. als gute Briefschreiber schon längst eine guten Ruf!“ Eine Kaffeegesellschaft folgte der nächsten, Champagner - extra für diese Gelegenheit aufgehoben - wurde getrunken, Erinnerungen ausgetauscht und Fotos gemacht. Nicht immer gelang es Christiane Jensen, ihre Freundinnen abzulichten: Dann versuchten wir „Doe [Theodora Tedsen] mit aufs Bild zu bekommen, aber sie rannte uns davon mit den Worten: Nee, nee, denn süht Volkert [ihr nach Amerika ausgewanderte Sohn] ja, datt ik ine Kartüffeln wesen bin!“*

Am Ende des Sommers 1908 reiste Christiane Jensen zurück nach Amerika und kam nie wieder auf ihre Heimatinsel zurück: „Es war ein wehmütiger Abschied - wohl der letzte für dieses Leben,“ schrieb sie in ihr Reisetagebuch. Ein Jahr später unternahm Stine Andresen eine Lese- und Rezitationsreise durch Sachsen, wo sie „begeisterte Aufnahme und ehrenvolle Anerkennung“ fand. „Stine Andresen, die in ihrer friesischen Tracht vor ihre zahlreiche Zuhörerschaft trat, gewann die Sympathie ihrer Hörer im Sturme durch die Schlichtheit ihres Auftretens und die weihevolle Schönheit ihrer Verse.“

Und zum Schluß

Das Haus von Rosina Schau und ihrem Mann Johannes ging als „Haus Rungholt“ in die Erinnerungen der Wykerinnen und Wyker ein. Ihr Sohn Martin lebte dort als Privatmann und vermietete Zimmer an Kurgäste. Viele Jahre befand sich neben seinem Haus (Richtung Hafen) ein kleiner Kramladen für den Kurgastbedarf, der von Frau Schubert, die später in der Wyker „Centrallhalle“ die Stummfilme am Klavier begleitete, und ihrer Tochter betrieben wurde, die für ihre Mutter die Noten umblätterte, wenn sich das Tempo des Films immer mehr dem Finale entgegensteigerte und Frau Schuberts Finger nur so über die Tasten flogen.

„Nein, nein, dann sieht Volkert ja, daß ich in den Kartoffeln gewesen bin/ gearbeitet habe!“

Sandwall 21 „Haus Irma"

Das Gästehaus mit dem Namen der Bürgermeistersenkelin

Irma Block, geb. Petersen (1903-1996)

Seit der Gründung des Seebades Wyk gab es nur noch drei Jahreszeiten: die Vor-, Haupt- und Nachsaison. Die Frauen der Insel aber machten keinen Unterschied zwischen diesen Zeiten und waren fast das ganze Jahr damit beschäftigt, für gute Einnahmen durch die Badegäste zu sorgen. Zu Weihnachten schrieben sie wie Mariechen Müller unzählige Grüße an die hoffentlichen im nächsten Jahr wiederkehrenden Gäste, kontrollierten ihre Wäschebestände, renovierten immer irgendeine Stube und bemühten sich um Personal für die kommende Saison. Wenn im Frühjahr die ersten Sonnenstrahlen die frische Meeresluft wärmten, scheuerten sie die Verandaböden sauber, strichen wie Anna Dieckmann die weißen Balkongitter der Pension „Fernsicht" (heute: Café Valentino), scheuchten die Kinder in die Abstellkammern zum Schlafen und stellten das Schild „Zimmer frei" hinaus. Im Sommer gingen sie wie Mike Benck auf „Gästefang" zu den ankommenden Schiffen, bekochten sie täglich dreimal in mehreren Gängen wie Engellene Boetius im Haus „Pidder Lyng" (Stockmannsweg 10) und hofften auf den Erfolg ihrer Anzeigen im Bäderführer der Insel Föhr. Viele der Logierhäuser trugen Namen wie „Villa Victoria", Villa Mary", „Villa Adele", „Villa Maria Agnes" und „Villa Clara", und manche Häuser warben ausdrücklich damit, daß sie von einer Frau geführt wurden. So fanden Kurgäste im Familienheim von Frl. Sophie Stuhr am Sandwall „freundliche Aufnahme, geselligen Anschluß und sorgfältigste Verpflegung."

Eines der tradtionsreichsten Häuser, die 1864 direkt am Strand erbaute „Villa Erna", wurde 1971 als „Villa Irma" abgerissen. Es verschwand damit nicht nur die letzte der alten Gästevillen, sondern auch ein Stück Wyk der alten Zeit, als die Gärten noch bis zum Strand hinunter reichten. Und auch das Küchenfenster, in das die Erbauerin Sara Traumann aus Hamburg ihren Namen geritzt hatte, zersplitterte unter der Abrißbirne.

Sara Traumanns Grundstück war sehr groß, es reichte vom Strand bis hinauf zur Reeperbahn (heute: Badestraße). Zusammen mit dem Gästehaus verkaufte sie das Land an den Malermeister Willi Asche aus Braunschweig, der ein Vetter von Hans Westerwald, dem Betreiber des heute schon legendären „Altdeutschen Kellers" gewesen sein soll. Um die „Villa Erna" erweitern zu können, verkaufte Asche einen Teil seines Grundstücks an den Maurermeister Hannes Dabelstein. „Villa Erna" erhielt von dem eingenommen Geld ein drittes Stockwerk, dazu die für die Bäderzeit so typischen überdachten Balkone und konnte sich nun als „Pensionshaus 1. Ranges" bezeichnen, das „neuzeitlich eingerichtet" war, „Aussicht aufs Meer, bedeckte Veranden, elektisches Licht und Wasserspülung" bot.

Aber erst mit den Jahren nach 1920 und dem neuen Eigentümer Lauritz Petersen begann die eigentlich große Zeit der „Villa Erna". Lauritz Petersen war der Sohn des Wyker Bürgermeisters Lorenz Petersen, der von der Ringswarft bei Aventoft/NF nach Wyk gekommen war und von 1888 bis 1908 als Bürgermeister die Stadt mit großer Tatkraft und Blick für das Neue ins

„Villa Irma", das Atelier von „Papi Knips" und „Seeblick" (von rechts)

neue Jahrhundert leitete. So berichtete er im November 1901 von der Tagung des „Verbandes Deutscher Nordseebäder" den Herren der Wyker „Bade- und Bekanntmachungskommission" vom neuesten Trend, nämlich von der Einrichtung gemeinsamer Bäder für Damen und Herren, für Familien und Alleinstehende. In Belgien und Holland gab es das schon lange, und an der Nordsee fürchtete man, immer mehr Gäste deshalb zu verlieren. Petersen plädierte mit einigen anderen Anwesenden für die Einrichtung solcher Bäder, mußte sich aber einigen Skeptikern gegenüber sehen, die um die Moral der Gäste besorgt waren. Georg Weigelt jun., Besitzer der Badeanstalt, wollte in dieser delikaten Angelegenheit erst einmal eine Anfrage an die Regierung stellen, und Dr. Moritz Edel konnte keinen medizinischen Nutzen darin erkennen, die Badeschranken zwischen den Geschlechtern fallen zu lasen. Also war er auch dagegen.

Bürgermeister Petersens Sohn Lauritz übernahm also 1920 mit seiner Frau das große Gästehaus am Strand und machte es in den nächsten Jahren zu einem *der* Logierhäuser in Wyk. Seine Frau, eine Landwirtstochter aus Gelting in Angeln/Schleswig-Holstein, war nicht nur eine gelernte Köchin, sie wußte von zu Hause auch, wie große Haushalte zu funktionieren hatten und sah kein Problem darin, jeden Tag für 70 bis 80 durchaus anspruchsvolle Gäste das Frühstück bereitstehen zu haben und mittags wie abends jeweils ein Menü anzubieten. Mühelos dirigierte sie ihr Personal im großen Speisesaal so, daß alles wie am Schnürchen klappte. Und wer gerne in den Gartenpavillions die Morgensonne genoß, bekam selbstverständlich dort sein Frühstück serviert. Was möglich war, wurde gemacht; was nicht möglich war, wurde möglich gemacht! „Se har de Kram ine Hand"*, erinnerte sich ihr

Bürgermeister Lorenz Petersen

*„Sie hatte den Kram in der Hand."

Sohn Benno am Ende seines Lebens und erzählte schmunzelnd zwischen zwei Zigaretten die Geschichte eines Generaldirektors, der um seine finanzielle Reputation auf das Äußerste besorgt war, als er die nach seiner Meinung viel zu niedrigen Logierkosten begleichen wollte. Es habe ihm zwar ausgezeichnet gefallen, erklärte er dem Wirt Lauritz Petersen, aber er solle bitte niemandem von seiner Anwesenheit erzählen, sonst kämen die Leute wohlmöglich auf die Idee, etwas anderes könne er sich nicht leisten. Nicht auszudenken, wenn das bekannt würde! Zu dieser Zeit hieß Petersens Gästehaus schon „Villa Irma“ - nach der im Jahre 1903 geborenen Tochter des Hauses, die 1924 Föhr verließ und ihr Leben in Brebel bei Süderbrarup/Nordfriesland als Frau eines Landwirts verbrachte. In der „Villa Irma“ verlebten Tausende von Kurgästen ihre Sommerferien: Sonnenhungrige Schauspielerinnen, anspruchsvolle russische Großfürsten, alleinreisende Damen mit Dienstmädchen und Gesellschafterin, Familien mit Kindermädchen, heimliche Liebespaare und gelangweilte Ehepaare. Sie bewohnten die 24 Zimmer des Hauses, die z.T. durch Türen miteinander verbunden waren und so zu größeren Suiten umgestaltet werden konnten. Namentlich

Der Frühstücksraum der „Villa Irma“ im morgenlichen Sonnenschein

sind nur noch wenige der Gäste in Erinnerung, denn die Gästebücher des Hauses gingen bei der Sturmflut von 1962 verloren.

„Es ist nie ein Mensch in der „Villa Irma“ gestorben“, erzählte Benno Petersen, der 1932 das Gästehaus durch seine finanzielle Hilfe retten konnte und es über viele Jahrzehnte zusammen mit seiner Frau Anneliese aus Berlin führte, die als Kurgast nach Föhr gekommen war und hier in Benno Petersens Armen „hängenblieb“. Die drei gemeinsamen Kinder Elke, verheiratete Wisser, Marret, verwitwete Hänel, und Jens wurden in der „Villa Irma“ geboren.

Und noch ein bekanntes Logierhaus gehörte zur Familie Petersen, die „Villa Dora“ (Sandwall 70). In einem kleinen Anbau des Hauses befand sich das ‚Amtszimmer‘ des Wyker Bürgermeisters Lorenz Petersen, das erst später nach Wyk hinein verlegt wurde. Nach seinem Tod betrieb „Frau Witwe Bürgermeister Petersen“ auch weiterhin die Vermietung von Zimmern an Badegäste und kündigte an: „Die Villa ist auch für Winterkuren eingerichtet.“ Drei Kinder hatten die Petersen von „Villa Dora“: Lauritz, Besitzer der „Villa Irma“; Egon, beliebter Lehrer vieler SchülerInnengenrationen, und Dora, deren Name das Haus noch heute trägt. Egon und Dora waren Benno Peter-

Zimmer 18 in „Villa Irma“. Die Betten wurden später gekürzt (moderner!) und an Hermann Geschke von „Ruh ut“ in der Nicolaistraße verkauft.

sens Onkel und Tante und er erinnert sich noch gut an Tante „Dotte“, die „wie ein Weltmeister“ rauchte und im Bett liegend den Rest der Familie dirigierte und regierte. „Um sie drehte sich alles, und der unverheiratete Egon mußte sich um „Dotte“ tagein, tagaus kümmern, da war die Schule eine richtige Erholung für ihn“, erzählte Benno. Nebenan im Haus wohnte Pauline Osning. Sie schrieb im Dezember 1947 an ihre Tochter Jenny Kühl in Stendal/Ostzone: „Hier hat sich auch etwas sehr Trauriges ereignet, nämlich unser lieber Nachbar Egon ist plötzlich gestorben. Er ist in der Schule zusammengeborchen und zwar an Entkräftung (Unterernährung), der arme Stackel. Sie liegt ja immer im Bett und läßt sich pflegen. Die von „Villa Irma“ sind da und machen das Haus sauber, putzen Fenster, Gardinen usw.“

Zu dieser Zeit lebten Flüchtlinge in der „Villa Irma“, die nach deren entgültigem Auszug renoviert und für die Sommergäste neu eröffnet wurde. Die Festschrift „25 Jahre Villa Irma, 1973-1998“ berichtet: „Jens Petersen übernahm im Jahre 1963 die „Villa Irma“ von Benno Petersen. Doch die Ansprüche der Gäste stiegen und trotz mehrmaliger Renovierungen seit Bau der „Villa Irma“ konnte die Pension den Anforderungen nicht mehr standhalten. Hinzu kam noch die Feuchtigkeit im Mauerwerk, die seit der Sturmflut 1962 im Keller vorhanden war und immer mehr die Wände hochstieg. So entschloß sich die Familie Petersen im Jahre 1971, das Gebäude abreißen zu lassen“. In nur sechs Monaten Bauzeit entstand das heutige „Haus Irma“ am Sandwall 21.

Und zum Schluß

Zwischen „Villa Irma“ und dem südlich gelegenen „Seeblick“ stand viele Jahre ein kleines Häuschen, in dem sich ein Fotograf namens „Papi Knips“ eingerichtet hatte. Daß es dort nicht immer nur ums Fotografieren, sondern auch um die ‚nackten Tatsachen des Lebens‘ ging, erkannten eines Tages ein paar Wyker Jungs. Höchst interessiert sahen sie heimlich durch das Schlüsseloch und erkannten mit roten Ohren vor Begeisterung „Papi Knips“, der sich dort mit einer Wykerin vergnügte, die sie gut kannten ...

Sandwall 72

Die Tochter des Reedereigründers

Pauline Osning, geb. Volquardsen (1862-1948)

Im Frieden von Wien 1864 verzichtete König Christian IX. von Dänemark auf seine Rechte an den Herzogtümern Schleswig, Holstein und Lauenburg zugunsten Kaiser Franz Josephs von Österreich und König Wilhelm I. von Preußen. Die Herzogtümer gehörten nun zu den zwei Großmächten, die die Frage der Vormachtstellung im Deutschen Bund schließlich zwei Jahre später in dem Deutschen Krieg von 1866 klärten. Schleswig-Holstein gehörte von nun an zu Preußen, mit anderen Worten: Jetzt kam nicht mehr die dänische Königsfamilie zur Sommerfrische nach Wyk, sondern die preußische, aus der nach der Reichsgründung von 1871 schließlich die deutsche, kaiserliche Familie wurde.

Anläßlich der Befreiung von Dänemark wurde 1864 auf Föhr ausgiebig gefeiert, und ein Beobachter der ausgelassenen Feste schrieb über die jungen Frauen der Insel: „Man sah den Mädchen an, daß man ihnen ungeniert die Hand reichen, freundlich und vertraulich mit ihnen plaudern konnte. Ja, ein Kuß in Ehren wäre wohl zu erreichen gewesen, wer aber über die Grenzen der Ehrbarkeit hinausgeht, der tut wohl, sich von den Friesinnen fern zu halten." Eine Gotinger Friesin, Inge Friederike Petersen, allerdings konnte dem charmanten Antichambrieren des „Patroullienführers der ersten Companie des kaiserlich-königlich österreichischen Jägerpataillons Nr. 9" nicht länger widerstehen und ließ Joseph Osning aus Podgorje in der Steiermark noch näher an sich heran als auf einen Kuß. Das blieb nicht ohne Folgen. Im April 1865 brachte die Tochter des Schneiders Andreas Jens Petersen und seiner Frau Elena Christina das zweite von vier unehelichen Kindern mit vier verschiedenen Vätern zur Welt – Julius, dem sie den Nachnamen seines Vaters gab: Osning. Ob der Österreicher überhaupt von seinem Sohn erfuhr, weiß heute niemand mehr. Er verschwand auf Nimmerwiedersehen. Inge Friederike Petersen gab ihren kleinen Jungen im Waisenhaus ab und überließ das Kind seinem Schicksal. Sie heiratete 1876 einen Mann aus Risum/Nordfriesland und bekam mit ihm eine Tochter, die noch vor ihren Eltern starb. Inge Friederike Petersen wurde 70 Jahre alt und starb in Wyk. Um ihren Sohn Julius hat sie sich nie wieder gekümmert.

Als Julius Osning 1865 geboren wurde, war die kleine Pauline Volquardsen drei Jahre alt und nicht nur der Augenstern ihres Vaters, sondern auch der ihrer Großmutter Paulena Krap, die seit 1848 die Witwe des Kapitäns Jes Wollesen Krap war und nun ihre letzten Jahre im Haus am Sandwall verlebte. Paulines Vater, dem Kapitän Sievert Broder Volquardsen, gehörte eines der größten Schiffe im Wyker Hafen, die „Helene", und er war ein angesehener Mann auf der Insel. Als man 1869 das 50jährige Bestehen des Seebades Wyk feierte, wurde er zum stellvertretenden Bürgermeister gewählt. Der kleine Ort hatte gerade die Brandkatastrophe vom 7./8. Juli, die in sechs Stunden 80 Häuser in Schutt und Asche gelegt hatte, überstanden und brauchte tatkräftige und vorausschauende Männer für den Wiederaufbau. Dem erfahrenen, weltgewandten und bedächtigen Volquardsen konnte man vertrauen und so gehörte er über eine lange Zeit zu den führenden Männern des aufstrebenden Seebads Wyk auf Föhr. Schon ein Jahr nach seiner Wahl brach

Empfang des österreichischen Jägerbataillons auf Föhr

der deutsch-französische Krieg aus und die Badegäste blieben wieder einmal weg, was sich erheblich auf die Finanzen der kleinen Stadt auswirkte.

Nach Sommerfrische und Badevergnügen suchend und endlich befreit von den Sorgen um Söhne, Ehemänner und Väter, kamen schon im folgenden Jahr die Gäste so zahlreich, daß die Schiffe zwischen Föhr und Dagebüll öfters fahren mußten als zuvor. Mit der Reichsgründung von 1871 hatte Deutschland nun einen Kaiser und dessen Familie besuchte im Sommer 1873 nach den Aufenthalten von 1865 und 1866 wieder Föhr. Es schien noch einmal eine „Königszeit" wie schon in den Jahren zwischen 1842 und 1847 zu beginnen.

Pauline Volquardsen war zu diesem Zeitpunkt elf Jahre alt und hatte neben der Schule, einigen Übungen in feinen Handarbeiten und gelegentlichen kleinen Arbeiten im Haushalt noch genug Zeit, sich in ihrem kleinen Heimatort die Geschäfte (zumindest von außen) und die Sommergäste auf der Promenade anzuschauen, das Strandleben zu beobachten und auf die Ankunft der zwischen Dagebüll und Wyk fahrenden Schiffe zu warten. 1872 war der erste Dampfer angeschafft worden, indem der Wyker Schiffsbaumeister und Werftbesitzer Friedrich Christian Lorenzen eines der versenkten dänischen Kanonenboote des Krieges 1864 heben und mit einer neuen Maschine ausrüsten ließ. Unter dem Namen „Föhr-Dagebüll" legte der mit neuen Gästen beladene Dampfer an der Dampferbrücke (heute: Mittelbrücke) an und brachte immer irgendeine Neuigkeit mit, von der Pauline zu Hause erzählen konnte. Schon vier Jahre später gründeten einige Wyker eine eigene Reederei und gaben den Raddampfer „Wyck-Föhr" an der Kieler Howaldt-Werft in Auftrag. Unter ihrem Kapitän

Sievert Broder Volquardsen nach seiner Wahl zum stellv. Bürgermeister

Steffen-Heinrich Boetius trat sie im Mai 1878 die Jungfernfahrt in ihren Heimathafen Wyk an.

Pauline wußte viel über Schiffe, war ihr Vater doch nicht nur Kapitän, sondern auch Hafenmeister. Die Gespräche bei Tisch drehten sich oft um die Schiffe im Hafen. Und so lief Pauline manchmal ganz bis hinunter zum Wyker Hafen, in dem zu dieser Zeit nur die Frachtschiffe anlegten, und hielt Ausschau nach ihrem Vater. Oft war er auf der Werft von Lorenzen anzutreffen oder auch im Gespräch mit einigen Wyker Männern. Und manchmal sah Pauline ihn auch nur dastehen mit dem Blick Richtung Osten zu den Halligen, von wo er vor so vielen Jahren als kleiner Junge auf die Insel gekommen war, nachdem er seine Eltern verloren hatte. Sie wußte dann, woran er dachte und blieb einfach eine Weile schweigend neben ihm stehen und versuchte an ihre schon vor langer Zeit verstorbene Großmutter von der Hallig Hooge zu denken, die sie nur aus den Kindheitserinnerungen ihres Vaters kannte. Hafenmeister Volquardsen liebte seine Tochter sehr und konnte ihr nur schlecht etwas abschlagen. Manche in Wyk sagten auch, er verwöhne sie zu sehr und lasse ihr so manche Extravaganz durchgehen. Vielleicht blieb sie deshalb auch bis zu ihrem 30. Lebensjahr zu

Julius Osning

Pauline Osning

Hause und heiratete erst dann. Daß es vorher schon Bewerber um ihre Hand gegeben hatte, ist anzunehmen, aber Pauline wollte einen ganz bestimmten Mann: Julius Osning, den Sohn des österreichischen Soldaten.

Sievert Broder Volquardsen, inzwischen der Geschäftsführers der 1885 gegründeten „Wyker Dampfschiffs-Reederei“, hatte Sorgen, denn seine für einen Verwandten gegebene Bürgschaft war eingelöst worden, und er war nun fast mittellos. Seine Anteilsscheine an der Reederei hatte er ebenso verloren wie seinen Grundbesitz. Er war gezwungen, noch einmal von vorne zu beginnen. Gerne hätte er es wohl in dieser Situation gesehen, wenn seine Tochter sich etwas vorteilhafter verheiratet hätte, aber sie wollte unbedingt den Arbeiter Julius Osning heiraten. Und sie setzte wieder einmal ihren Kopf durch. Schließlich erhielt sie die Einwilligung ihres Vaters und heiratete am 21. Oktober 1892 den Mann ihrer Wahl in der Kirche von Boldixum. Einige Monate davor war ihre Mutter Anna Pauline Volquardsen gestorben, und so zog jetzt das junge Ehepaar in das erst vor drei Jahren neu erbaute Haus des alten Volquardsen am Sandwall 72.

Vier Kinder kamen dort bis 1901 zur Welt: Sievert; Anna, verheiratete Holm; Jenny, verheiratete Kühl, und Agnes, verheiratete de la Roi. Die Mädchen hingen sehr an ihrem großen Bruder und schrieben ihm oft, wenn er von Hause fort war. Im September 1912 erhielt Sievert von seiner Schwester Jenny eine Postkarte mit dem neuen Schiff der „Wyker Dampfschiffs-Reederei“, der „Albert Ballin“: „Lieber Sievert! Bedanke mich noch vielmals für die Karte. Es regnet hier jetzt fast den ganzen lieben Tag. Unsere Dame ist jetzt abgereist. Ich habe vier Mark Trinkgeld bekommen.

Sandwall 72 zu Pauline Osnings Zeiten

Wir wohnen auch schon unten. Wenn Du mal wieder Stollwerkbilder hast, schicke sie bitte mit, denn wir sammeln nämlich. Die zweite bin ich auch noch in der Schule. Jetzt will ich schließen. Gruß von Agnes. Deine Schwester Jenny."

Es war ein anspruchsvoller Haushalt, dem Pauline vorzustehen hatte. Ihrem Vater ging es mit den letzten Jahren seines Lebens gesundheitlich immer schlechter, die vier kleinen Kinder mußten versorgt werden, und Paulines Ehemann brachte nicht viel Geld nach Hause. Im Jahr 1913 erhielt er für tausend geputzte Steine des alten, abgebrochenen Reedereigebäudes 3,50 Mark und konnte so am Tag 7 Mark verdienen, wenn er sich ranhielt. Seine Frau schrieb während des ersten Kriegsjahres (1915) in ihr Rezeptbuch, wieviel die Dinge des täglichen Lebens kosteten: eine Tonne grobe Kohlen 5,20 Mark; ein Paar Damenstiefel besohlen 5,50 Mark; ein Paar Arbeitsschuhe 14 Mark; eine Tonne Kartoffeln 28 Mark; ein Pfund des billigsten Kaffees 1,80 Mark; ein Pfund Wal- oder Haselnüsse 1 Mark; ein Pfund Tilsiter Käse 1,40 Mark; ein Pfund Schweinefleisch 2,50 Mark; ein Pfund Kalbfleisch 1,30 Mark und ein Pfund Meiereibutter 3,20 Mark. Pauline und Julius Osning sollen nach den Erzählungen ihrer jüngsten Tocher keine sehr glückliche Ehe geführt haben. „Sie haben sich oft und heftig gestritten", erzählte ihre Tochter Agnes später in den wenigen Momenten, in denen sie über ihr Elternhaus sprach. Mit 15 Jahren mußte sie am Grab ihres Vaters stehen. Mit nur 51 Jahren starb Julius Osning, seine Witwe überlebte ihn um 32 Jahre und verbrachte ihr Leben im Haus ihrer Eltern am Sandwall.

In einem ihrer letzten Briefe an ihre inzwischen in Stendal/Ostzone verheiratete Tochter Jenny schrieb Pauline Osning einige Wochen vor ihrem Tod: „... auch für Deinen letzten Brief danke ich noch, den ich noch nicht beantwortet habe, denn ich war die letzte Zeit nicht auf dem Damm, wie man so sagt, daher will ich jetzt, wo ich mich etwas besser fühle, gleich schreiben. Es wird ja wohl eine Erkältung sein. Ich habe auch keine Medizin mehr und der Apotheker will nichts mehr auf das alte Rezept geben, er will ein neues vom Arzt ausgeschriebenes haben und dazu muß ja Häberlin zu mir kommen, aber Manni [Schwiegertochter] hält es jawohl nicht für nötig, Häberlin kriegt keinen Bescheid."

Tochter Agnes, die nie eine solche Nähe wie ihre Schwester Jenny zur Mutter entwickeln konnte, schnitt in ihren späten Lebensjahren deren Unterschrift aus den Briefen an Jenny und klebte die Worte „Deine Mutter Pauline Osning" neben Gedichte und Bilder, die ihr besonders viel bedeuteten, in ihre Collagebücher.

Pauline Osning:
„So könnt Ihr mich doch nicht fotografieren!"

Und zum Schluß

Aus Pauline Osnings Rezeptbuch:

Ehestands-plättchen

Vier ganze Eier werden mit einem halben Pfund Zucker tüchtig gerührt, etwas Cardemon, Spitzhornsalz und ein halbes Pfund Mehl dazugegeben und alles gut vermischen.
Man setzt die Plättchen in Form von Klößen auf das Backblech.

Backzeit:
ca. 15 min bei 150 Grad Umluft.

Mühlenstraße 31: Die Wyker Mühle

Freundin berühmter Männer

„Die schöne Müllerin"
Gertrud Langenbeck, geb. Otto (1885-1975)

In den Jahren 1933 bis 1939 fanden auf Föhr jeden Sommer die vielbesuchten Flugtage statt. Die größte Attraktion waren die Kunststücke des Fliegers Ernst Udet, der mit seinem roten Doppeldecker einflog und es fertigbrachte, ein auf dem Rasen liegendes Taschentuch mit dem Flügel seiner Maschine aufzuheben. Die am Abend stattfindenden Fliegerbälle im Kurhaus am Sandwall waren in jeder Saison etwas ganz Besonderes und brachten so manche Frau ins Schwärmen, wenn sie die Flieger in ihren dunklen Uniformen sah. Ernst Udet, Jagdflieger im 1. Weltkrieg und nun Generalleutnant der deutschen Luftwaffe, nahm während dieser Tage stets gar nicht weit entfernt vom Kurhaus Quartier - bei Gertrud Langenbeck in der Wyker Mühle. Und „die schöne Müllerin" soll jedesmal auf seinem Bett eine große Hakenkreuzdecke zum Emfpang ausgebreitet haben...

Gertrud Langenbeck kam 1885 in Unterboihingen/Baden-Württemberg zur Welt. Ihr Vater, Robert Otto, war verheiratet mit Emma Engels, einer Nichte Friedrich Engels, und gehörte der noch heute bestehenden Firma Otto an. Lange Zeit war die von Robert Ottos Großvater 1815 gegründete Textilfirma (Baumwollverarbeitung) mit ihren vielen Filialen die größte ihrer Branche, und die Familie Otto zählt seit dem frühen 19. Jahrhundert zu den führenden Industriellenfamilien Württembergs. Probleme bei der Beschaffung von Baumwolle und die spürbare Abhängigkeit von ausländischen Lieferanten wie Amerika, führten zum kolonialen Engagement der Firma Otto. Die sonst sehr vorsichtigen Unternehmer ließen sich von günstigen Prognosen inspirieren und gründeten in Afrika die „Otto-Pflanzung-Kilossa", 80 Kilometer westlich von Morogoro. Die Resultate allerdings blieben weit hinter den Erwartungen zurück und erwiesen sich für die Firma Otto als Fehlschlag. Der erste Weltkrieg bedeudete das Ende von „Kilossa".

„Die schöne Müllerin"

Zu diesem Zeitpunkt war Robert Otto schon lange tot und seine Tochter Gertrud seit 1905 mit August Langenbeck aus Elberfeld/Wuppertal verheiratet. Über die Firmenbeziehungen der Familie Otto, die sich durch diverse Heiraten zu Familienbeziehungen ausgeweitet hatten, lernte Gertrud ihren Mann kennen, der in Elberfeld den 1872 gegründeten und seiner Zeit bedeutendsten „Vereinigten Seidenfärbereien C.A. Langenbeck & J.P. Lohe" vorstand. „Den großen sozialen Aufgaben stets aufgeschlossen, war er ein beliebter und geachteter Industrieführer, dem unter einer oft rauhen Schale ein warmherziges Verständnis für seine Mitarbeiter eigen war." Gertrud und August Langenbeck hatten drei Kinder: Gerda, August, der spätere Kirchenmusikdirektor in Stuttgart, und Curt, der noch vor seinem Vater starb. Curt Langenbeck lernte zunächst die Färbereitechnik, studierte dann aber Literatur- und Theaterwissenschaft. Er war Chefdramaturg in Kassel und 1938 in München. In den Vorkriegsjahren gehörte er zu den wichtigsten Dramatikern des nationalsozialistischen Regimes, und 1944/45 arbeitete Langenbeck zusammen mit Helmut Käutner an einem Film über Vorpostenboote. Das Ende des Krieges war auch das Ende seiner Karriere. Gertrud Langenbeck litt sehr unter dem Tod ihres Sohnes, der sich nach 1945 nicht mehr wohl fühlte in der Welt und angeblich Selbstmord begangen haben soll.

Ein ungewohntes Bild: Die Wyker Mühle ohne die Tennisplätze davor.

Anfang der zwanziger Jahre, nach ihrer Scheidung von August Langenbeck (1921), kam Getrud Langenbeck mit ihren Kindern nach Wyk und suchte nach einer schönen Wohnmöglichkeit. Zu dieser Zeit stand die Zukunft der Wyker Mühle in Frage. Seit 1903 in Besitz des Privatiers Baron Wilhelm von Biela, gab es Verhandlungen über Abbruch und Transport der Mühle aufs Festland. Das war nichts Ungewöhnliches, denn Mühlen gelten als Mobilie, d.h. sie sind abbaubar und transportabel. Schließlich konnte Gertrud Langenbeck den „Galerieholländer", die im Vergleich zu anderen sehr große und komfortable Mühle mit ihren fünf Etagen (üblich ist eine Etage) kaufen und zu einer Wohnmühle umbauen lassen. Das kostete Gertrud Langenbeck eine Billion Mark, ein Jahr später (1923: Währungsreform) machte das eine Rentenmark. Um dem schnellen Wertverfall des Geldes zuvorzukommen, soll sie die Handwerker mit silbernen Löffeln bezahlt haben.

Die Mühle, die erst mit ihrem jetzigen Besitzer, Horst Petersen, 1979 den Namen „Venti Amica" (Freundin des Windes) erhielt, wurde zum Lebensmittelpunkt Gertrud Langenbecks. Umgeben von der Ausstrahlungskraft dieses ungewöhnlichen Anwesens, konnte sie sich in dem eigens für sie geschaffenen Ambiente dem widmen, was ihr am meisten am Herzen lag: sich selbst. Gertrud Langenbeck liebte es, eine schöne, eindrucksvolle Erscheinung zu sein, stilvoll in der Mühle ‚Hof zu halten' und sich entsprechend dem sie umgebenden Interieur zu präsentieren. Die Abenstunden in der Mühle waren stets der Höhepunkt des Tages. Nun blühte Gertrud Langenbeck auf: Ein stilvolles Wohnarrangement, nette Gäste, leichte Plaudereien, ein neues Kleid und das Gefühl, im Mittelpunkt zu stehen trugen dazu ebenso bei wie der Teepunsch, den sie gerne trank.

Evelyne Langhans, die 1939 von Berlin nach Wyk zog, nähte viele Jahre für „die schöne Müllerin": „Kurz tailliert und dann glockig fallend, das mochte sie. Wichtig waren die kleinen Blümchen um ihren Ausschnitt, und immer mußte alles sehr weiblich, weich und fließend sein." *Der* Favoriet ihres Herzens war Professor Carl Häberlin, für den Gertrud Langenbeck gerne eine ganz besondere Begrüßung inszinierte: In einem langen, weißen und wallenden Kleid kam sie ihm den Mühlenweg hinunter entgegen - den Arm voller Rosen. Daß später dann hinter abgeschlossener Tür ein bißchen „gemuschelt" wurde, bemerkte Evelyne Langhans bald. Der Professor aber blieb auf Distanz. Gertrud Langenbeck, die gerne mit dem Fuß auf dem Boden stampfte, wenn ihr etwas zu langsam ging, mußte sich in Geduld üben ...

Sie, die nur wenig von ihrem geschiedenen Mann und den gemeinsamen Kindern sprach, führte mit Evelyne Langhans lange Gespräche beim Frühstück und erzählte sehr gerne über die wichtigste Person in ihrem Leben: sie selbst. Ihre damalige Schneiderin erinnert sich heute an sie als eine Dame und Respektsperson, die stets sehr nett zu ihr war: „Ich habe sie noch immer in meinem Herzen." Oft sah sie Gertrud Langenbeck lange Briefe schreiben. Das war geradezu ihre Passion und soll der Familie zeitweise „ordentlich auf den Wecker" gegangen sein. „Sie fühlte sich als Mutter eines Dichters und sonnte sich gerne in seinem längst vergangenen Glanz", erzählte ihre Schwiegertochter aus Stuttgart, die sich vor allem an die vielen Löckchen und das heftige Temperament Gertrud Langenbecks erinnerte.

1972 verkaufte Gertrud Langenbeck ihre Mühle, behielt aber in einigen kleinen Räumen lebenslanges Wohnrecht. Anläßlich ihres 90. Geburtstages schrieb der „Insel-Bote": Obwohl durch einen länger zurückliegenden Unfall körperlich sehr behindert, ist Gertrud Langenbeck auch heute noch geistig rege und sehr interessiert. Wyk hat ihr zu danken, daß die Mühle, dieses weithin sichtbare Wahrzeichen, erhalten blieb."

Und zum Schluß

Die Dichterin Stine Andresen lebte von 1879-1896 in der Wyker Mühle. Über den „Abend an der Nordsee" schrieb sie:

Allgemach
Schied der Tag;
Seiner Fackel letztes Glimmen
Will am Horizont verschwimmen.

Und man hört,
Aufgestört
Von des Seewinds bangem Flüstern,
Noch das Riedgras leise knistern.

Drüben sacht
Senkt die Nacht
Schon die schwarzen Rabenflügel
Nieder auf die Dünenhügel.

Feldstraße 11: „Villa Friede“

Von Sturmfluten, Hexen und schönen Sommertagen auf Föhr

Die Schriftstellerin Lisa Friede, geb. Wedemann (1874-1948)

„Uraufführung in Wyk - ein nicht gerade alltägliches Ereignis! Es konnte also nicht überraschen, daß der große Kurhaussaal am Mittwoch abend zur Aufführung von „Kapitän Hammer auf Föhr“ ausverkauft war. ... Es war ein gelungener Abend. Unsere Heimatdichterin Lisa Friede hat in liebe- und mühevoller Kleinarbeit aus schriftlicher und mündlicher Überlieferung ein reiches Material aus der Väter Tagen zusammengetragen und es dann in die künstlerische Form eines rechten und echten Heimatstücks gegossen. In geschickt geführten Dialogen erstehen lebendig vor den Zuschauern jene bewegten Tage, die unsern Vätern die Befreiung von dänischer Herrschaft brachten“, berichtete die „Föhrer Zeitung“ am 20. Juli 1934. Zum Erfolg der Aufführung trug ohne Zweifel die besondere Schauspieltruppe bei - Einheimische hatten sämtliche Rollen übernommen. Zum Abschluß „nahm Dr. Häberlin das Wort zu einer kurzen Ansprache, in der er das Werk und die Dichterin mit zündenden Worten feierte.“ Es war ein großer Abend für Lisa Friede, nicht zuletzt wegen der ungeteilten Aufmerksamkeit Häberlins, die ihr zuteil wurde. Über die Gründung des Wyker Museums gut mit ihm bekannt, bezeichnete sie ihn als ihren „lebenslangen Freund

Lisa Friede in Friesentracht

Apotheke und Inhalatorium in der Großen Str. 16 zu Beginn des 20. Jahrhunderts

und Vormund“. Und vielleicht hoffte die seit 1915 verwitwete Lisa Friede auch noch auf ein bißchen mehr ...

Lisa Wedemann, die Tochter eines Pfarrers aus Bendeleben/ Thüringen, heiratete Richard Friede und zog mit ihm nach Föhr. Acht Jahre führte Friede das Inhalatorium und die „Königlich priviligierte Apotheke und Drogenhandlung“ in der Großen Straße 16, die „Utensilien der Krankenpflege und kosmetische Präparate“ ebenso anbot wie den „Föhringer“ (Bitterlikör). Während dieser Zeit gehörten Lisa und Richard Friede zur aktiven Gründergruppe des Friesenmuseums und bauten 1906/07 ihr Haus in der Feldstraße. Dieter Risse, der heutige Eigentümer des Hauses, erzählte von einer Gedenkstätte im dortigen Hof, die bisher nicht wiedergefunden werden konnte. Sie war dem kleinen Sohn des Ehepaares Friede, Karli, gewidmet. Beim Spielen am Strand war er in einen Stock gesprungen und schließlich nach qualvollen Stunden an Wundstarrkrampf gestorben. An ihre Mutter schrieb Lisa Friede: „Im ganzen Haus tiefste Stille, sonst klang sein liebes fröhliches Stimmchen. Ich darf nicht zu ihm.“ Zum Andenken an den verstorbenen Sohn wurde ein schwerer, lederbezogener Stuhl mit seinen Initialen und Lebensdaten angefertigt, der sich später im Nachlaß von Professor Carl Häberlin befand und heute zum Besitz eines Föhrer Malers gehört.

Sechs Jahre danach verlor Lisa Friede ihren Mann, der sich angeblich durch Überarbeitung ein Herzleiden zugezogen hatte. Andere sprachen von Selbstmord. Er hatte sich nach Aufgabe der Apotheke (1907) noch einige Jahre der Schriftstellerei gewidmet, seine Gedichte und Bühnenstücke aber gerieten bald in Vergessenheit. „Die sprachliche Begabung Richard Friedes ist unbestritten, doch wiesen Theamtik und vor allem Pathos, Gefühlsüberschwang und die z.T. etwas schwülstige Form der Verse sehr stark in die Vergangenheit und auf die am Jahrhundertanfang bevorzugte Poetik“, bemerkte später ein Kritiker. Nach dem Tod ihres Mannes vertiefte sich Lisa Friede „immer mehr in die Sagen, Gedichte, Sitten, Gebräuche und Wesen der Friesen und gab ihrem Erkennen und Erfassen derselben poetischen Ausdruck in Liedern und Aufsätzen“, schrieb der „Föhrer Lokalanzeiger“ im Dezember 1931. Im gleichen Jahr erschien Lisa Friedes Gedichtbändchen „Die Insel des Kindes“, das sie dem zeitweilig auf Föhr lebenden Wiener Hofschauspieler Georg Reimers widmete. Das Buchtitelblatt hatte Otto H. Engel gezeichnet. Die Käufer des kleinen Büchleins erwartete unter dem Untertitel „Frohes und Ernstes aus der Welt des Kindes“ Gedichte wie „Inselkinder“, „Das Leberfleckchen“ oder „Der kleine Schulmeister“.

Bereits zehn Jahre vorher war Lisa Friedes vielleicht bekanntestes Werk erschienen – „Die Hexe von Föhr“. Neben dem gleichnamigen Schauspiel enthielt es ernste Texte wie „Die Sturmflut“, „Frau Uta von Bant“ und die autobiographische „Pfarrmädelgeschichte aus der guten alten Zeit“. Das heiter sarkastische Gedicht „Die dicke Lene“, sorgte für Ärger:

Es brennt das Haus, die Funken stieben.
Es ist rein gar nichts mehr geblieben
von mir und der dicken Lene
als eine Brosche - und die falschen Zähne.

Lisa Friede hatte eine ihrer Angestellten zum Vorbild ihrer genauen, wenig schmeichelhaften Beschreibung des häuslichen Alltags genommen, die bei der Veröffentlichung des Gedichts ärgerlich zu Professor Häberlin lief und sich bitter beschwerte. Mehr Erfolg und Anerkennung brachte „Ein Sommertag auf Föhr“, das von der „Deutschen Allgemeinen Zeitung“ mit einem Preis ausgezeichnet wurde. Für die „Föhrer Zeitung“ berichtete Lisa Friede 1933 über das Richtfest des fertiggestellten Museumsneubaus. Während Carl Häberlin in einigen wenigen Sätzen seine Freude über dieses neue Haus ausdrückte, gab Lisa Friede einen girlandenreichen, pathetische volkstümelnden Bericht, der nicht nur wehmütig in den Erinnerungen an die ‚gute, alte Zeit‘ der Vorväter und -mütter schwelgte, sondern auch mit der Gegenwart abrechnete: „Auch von der Pietät war die Rede, die das Jungvolk fast verloren hatte. Aber das wird unter der neuen Regierung alles wieder anders, gute alte Sitten werden wieder neu aufleben.“ Lisa Friede war mit einem Juden verheiratet gewesen und hatte Kinder mit ihm. Mehr als alle anderen mußte sie gegen den Verdacht der falschen Gesinnung anschreiben. Gedichtbände, Theaterstücke, Veröffentlichungen in so viel gelesenen Zeitungen wie „Daheim“ und „Die Gartenlaube", Berichte über das Leben auf Föhr in früherer Zeit und Führungen durch das Museum konnten Lisa Friedes Lebensunterhalt nicht decken. Gleich nach dem Tod ihres Mannes richtete sie im Haus in der Feldstraße ein Jungmädchenheim ein. Im Jahr 1927 inserierte sie im Badeführer: „Haus Friede. Jungmädchenheim für Mädchen von 12-20 Jahren/ Nahe dem Wasser/ Beste Verpflegung/ Liebevolle Aufsicht/ Kurgebrauch/ Liegekuren/ Luft- und Sonnenbäder/ Ärztliche Aufsicht Dr. med. Häberlin/ Auch Wunsch wissenschaftliche Fortbildung durch die Nordseeschule oder privat/ 1. Referenzen/ Vorzügliche Erfolge/ Beschränkte Aufnahmezahl/ Näheres durch die Leiterin Frau L. Friede."

Lisa Friedes Tochter Charlotte studierte in Berlin. Mit der sehr dominanten Art ihrer Mutter kam sie nicht zurecht und verbrachte ihre Semesterferien lieber im Haus Häberlin am Sandwall. 1943 war sie leitende Ärztin eines Berliner Krankenhauses und fiel während der Arbeit den Bombenangrifffen der Engländer zum Opfer. „Am Nachmittag des Unglückstages hatte sie eine Patientin operiert; an deren Bett sitzend und deren Hand tröstend in der ihren haltend, wurde sie nach drei Tagen in den Trümmern des Hauses unverletzt geborgen", schrieb die „Föhrer Zeitung".

Und zum Schluß

Das von Maurermeister Dabelstein gebaute Haus der Friedes am Lembkehain ist mit seinem Turm und Fachwerk bis heute erhalten geblieben und wurde vom Eigentümer Dieter Risse zur Erinnerung an die Erbauer in „Haus Friede" umbenannt, nachdem er in alten Kisten Teile des Nachlasses von Lisa Friede auf dem Dachboden gefunden und die Wirkungsgeschichte der Familie so weit wie möglich aufgearbeitet hatte. Bilder und Schriftstücke sind noch vorhanden, aber keine Gegenstände der ursprünglichen Eigentümer.

„Villa Friede", 1927

Rebbelstieg 34: Friesenmuseum

Eine Museumsfrau der ersten Stunde

Eike Jensen, geb. Knudtsen (1874-1930)

Die Oevenumerin Eike Jensen, geb. Knudtsen war von den beiden Seiten ihrer großen, weitverzweigten Familie eine Knud(t)sen, wobei sich allerdings die eine nur mit „d" schrieb und die andere mit „dt". Sie gehörte damit zwei überregional bekannten Familien Föhrs an, die auf eine lange Tradition zurückblicken und mit vielen Ereignissen der Inselgeschichte verbunden sind, deren Männer über die Jahrhunderte immer wieder zu den führenden und herausragenden Persönlichkeiten gehörten und ebenso als Seemänner, wie auch als Landmänner, Kirchenvorstände, Deichvögte, Amtmänner und schließlich als Reeder und Minister in die Geschichtsbücher eingingen. Zu den Frauen der Familien, die von sich Reden machten, gehört Eike Jensen.

Knudt Broder und Rosina Maria Knudsen

Eike war eine Ur- Urenkelin des Kapitäns Broder Knudsen, dessen Grabstein noch heute, 185 Jahre nach seinem Tod, auf dem Friedhof von St. Johannis in Nieblum steht - nicht nur zum Andenken an einen der großen Seefahrer, sondern auch als kulturhistorisches Denkmal einer bewegten Zeit in der Föhrer Geschichte. Kapitän Broder Knudsen unternahm mehrere Fahrten nach Westindien mit seiner Brigg „Schwalbe" und mußte dort 1799 seinen 15jährigen Sohn beerdigen, der an Gelbfieber gestorben war. Sein ältester

Sohn, Knudt Broder Knudsen, heiratete in eine alte Föhrer Familie mit einem ebenso traditonsreichen Namen ein. Mit Rosina Maria Hassold, der reichen Erbin des Kapitäns, Ratmanns und Deichvogts Philipp Hassold, hatte er sieben Kinder, darunter die Mutter der Föhrer Heimatdichterin Namine Witt, der Vater von Rosina Schau (Sandwall 15) und der Großvater von Eike Jensen.

Er hieß Lorenz Konrad Knudsen, wurde in Oevenum geboren, besuchte dort die Dorfschule und erhielt gleichzeitig Unterricht bei einem Hauslehrer. Zusammen mit zwei Brüdern setzte er die Tradition der Familien Knudsen-Hassold fort und wurde Seemann. Aber dann schlug das Schicksal zu und änderte seinen Lebensweg: Nachdem einer seiner Brüder bei einem Schiffbruch gerade noch überlebte und der andere den Seemannstod fand, holten die Eltern sie nach Föhr zurück. Mit 25 Jahren heiratete Lorenz Konrad Knudsen ein Mädchen aus Wyk: Lena Christina Lolly. Nach dem Bericht von Laura Rasmussen in ihrem Buch „Oevenum. Geschichte und Geschichten eines Föhrer Dorfes“ betrieb Lorenz Conrad Knudsen „eine große Landwirtschaft und war außerdem königlich-dänischer Steuerempfänger für Osterland-Föhr. 1860 waren er und seine Frau des öfteren zur Königstafel nach Wyk geladen. 1864, als Föhr zum Deutschen Reich kam, scheint der Jubel bei den Oevenumern sehr groß gewesen zu sein. Dies jedenfalls schreibt die Frau von Lorenz C. Knudsen in ihrem Tagebuch. Auf Föhr war man in erster Linie Föhrer, dann Friese und dann erst kam die Staatszugehörigkeit.“ Acht Kinder hatte das Ehepaar zusammen; als drittes Kind kam Engellena zur Welt – die Mutter von Eike Jensen.

Lorenz Konrad und Lena Christina Knudsen

Engellena Knudsen, nur mit „d“, heiratete 1872 Knudt Heinrich Knudtsen und mußte ihrem Mädchennamen nur ein „t“ hinzufügen. Ihr Mann war auch ein Oevenumer Kind und das Ergebnis einer bewegten Familiengeschichte. Die Angst vor Sturmfluten hatte seine Großeltern Rickert und Eike Melfs noch vor 1800 von Langeneß auf die Insel Föhr ziehen lassen. Deren gemeinsame Tochter Eike aber liebte den Kommandeur Bandik Petersen von Langeneß und zog trotz aller fürchterlichen Familienerfahrungen mit ihm auf die Heimathallig ihrer Eltern. Im Februar 1825 bedrohte eine schwere Sturmflut die Halligen und Inseln. Eike Petersen hatte gerade ihr erstes Kind zur Welt gebracht und lag mit bangem Horchen auf den immer stärker werdenden Wind im Wochenbett. Das Wasser lief schon zwischen ihrem Wandbett und dem Stubentisch, auf den man vorsichtshalber die Wiege gestellt hatte, als sie sich selbst ein unumstößliches Versprechen gab: Sollten sie und ihre Lieben diese fürchterliche Nacht überleben, dann würde sie der Hallig Langeneß für immer den Rücken kehren. Über 70 Menschen fanden in diesen Sturmnächten auf den Halligen den Tod, fast alle Schafe und über 180 Kühe wurden Opfer der Fluten. Von 339 Halligshäusern verschwanden 79 völlig und 233 galten als unbewohnbar. Auf Langeneß, wo Eike mit ihrem kleinen Kind noch im Wochenbett lag, waren von 53 Häusern nur drei in einem bewohnbaren Zustand geblieben. Diese Sturmflut hinterließ Schäden ungeahnten Ausmasses und bei den betroffenen Familien unermeßliches Leid. Eike aber wußte, was sie tun hatte: Mit Mann und Sohn verließ sie Langeneß. Aber es hatte noch kein Ende: Zwei Jahre später stand sie am Grab ihres einzigen Kindes und verlor ihren Mann auf See.

Mit 22 Jahren war Eike Witwe und wollte nicht noch einmal einen Seemann heiraten, aber sie verliebte sich in den Kommandeur Jürgen Knudtsen. Auch er hatte sich in die junge Witwe verguckt. Jürgen Knudtsen heiratete Eike Petersen, die viel Geld und kostbaren, alten Hausrat von der Hallig Langeneß mit in die Ehe brachte, und gab den Beruf des Seemanns auf. Er wurde Holzhändler und ein guter Geschäftsmann. So konnte er 1840 für sich und seine Familie ein großes Haus in seinem Heimatdorf Oevenum (heute: Dörpstrat 2) bauen. Noch heute befinden sich am Giebel des Friesenhauses die Initialen „EK“ und „JK“.

Das Ehepaar Eike und Jürgen Knudtsen hatte sieben Kinder. Der Sohn Knudt Heinrich, der gerade vier Jahre alt war, als sein Vater 1848 starb, wäre gerne wie vieler seiner Schulkameraden Seemann geworden, mußte sich aber dem strikten Wort seiner Mutter Eike beugen, die davon nach ihren fürchterlichen Erlebnissen während der Sturmflut von 1825 überhaupt nichts hören wollte. So wurde er Färber und richtete in der ehemaligen Holzhandlung seines Vaters, nördlich vom Haus in der Dörpstrat 2, eine Färberei ein. Knudt Heinrich Knudtsen heiratete 1872 Engellena Knudsen: Sie wurden die Eltern von Eike Jensen. Das kleine Mädchen aber verlor seinen Vater schon im Alter von vier Jahren. Beim Betreten seiner Werkstatt fand Knudt Heinrich Knudtsen seinen Gesellen erhängt auf. Er bekam einen so großen Schock, daß er sich nie wieder davon erholte und schon 1878 starb.

Seine Tochter Eike, das einzige Kind des Ehepaares, war wißbegierig und begabt. Sie besuchte nicht nur die Schule, sie erhielt auch Privatunterricht bei Pastor Weber, der in seinen freien Stunden Knaben auf die höhere Schule vorbereitete und bei Eike Knudtsen eine Ausnahme machte, indem er sie, obwohl sie ein ‚nur' Mädchen war, am Unterricht ihrer Vetter teilnehmen ließ. Eike und ihre Mutter Engellena lebten zusammen mit der Großmutter Eike in der Dörpstrat 2. Schon während der Schulzeit lernte Eike Knudtsen ihren späteren Mann, Jürgen Jensen aus Midlum, kennen.

Der kleine Jürgen wurde sechs Monate nach dem Tod seines Vaters geboren, der im Krieg gegen Frankreich 1870/71 fiel. Seine Mutter, Ingke Josina, war nur ein paar Monate verheiratet gewesen und konnte diesen Verlust nicht verkraften. Die Geburt ihres Sohnes schwächte sie noch zusätzlich und sie starb nur wenige Tage, nachdem er das Licht der Welt erblickt hatte. Schließlich kam Jürgen Jensen als kleiner Junge von fünf Jahren in das nach einem Brand wieder aufgebaute, schöne und geräumige Haus (heute: Buurnstrat 48, Wohnhaus Martens-Sönksen und Oevenumer Museum) seiner Großeltern nach Oevenum, zu Marten Jacob Martens und seiner Frau Kreske. Schon früh zeigte sich seine Begabung für das Zeichnen und Malen, und seine Großeltern ließen ihn an der „Schule für Malerei" in Buxtehude ausbilden. Und wenn sein Beruf in den Genealogien mit ‚Malermeister' abgegeben wird, so ist dies nur zum Teil richtig, denn Jürgen Jensen war Kunstmaler. So vermuten die heutigen Besitzer des Hauses Buurnstrat 48, Ingke und Heie Martens-Sönksen, das der einst vollkommen ausgemalte Flur ihres Hauses, an den Ingke sich noch gut erinnert, aus der Hand des Kunstmalers Jensen kam. Und auch Bilder von ihm sind noch erhalten. So malte Jensen Bilder von Hochzeitspaaren in der Verwandtschaft und porträtierte seine Tante Maria, die in zweiter Ehe mit dem Wirt des Oevenumer „Friesentals", Paul Paulsen, verheiratet war. Zu den heute noch existierenden Arbeiten von Jürgen Jensen gehört auch ein kunstvoll verzierter Schrank. In manchem Föhrer Haus hängen vielleicht noch Bilder des Oevenumer Malers Jürgen Jensen, die aber nur schwer zu identifizieren sein werden, denn seine bisher bekannten Bilder wurden nicht von ihm signiert.

Eike Knudtsen und Jürgen Jensen heirateten 1900 und bekamen zwei Kinder: Engellena und Nahmen. Im Jahr der Geburt ihres ersten Kindes verlor Eike ihre Mutter, die nur 52 Jahre alt wurde. Im Jahr der Geburt von Eikes zweitem Kind schlug das Schicksal nochmal zu: Sie verlor wieder einen geliebten Menschen. Es wird berichtet: „Eines Tages kam Eikes Mann Jürgen durchnäßt von einer Tour zum Wyker Hafen zurück. Daraufhin bekam er eine Lungenentzündung, die zum Tode führte. Eike war untröstlich. Sie war damals noch keine 30 Jahre alt und hat seitdem nie mehr ihre Trauerkleidung abgelegt." Namine Witt, eine nahe Verwandte, hatte selbst innerhalb kürzester Zeit zwei ihrer Söhne verloren und versuchte nun, Eike mit einem plattdeutschen Gedicht etwas Trost zu schenken. Dieses Gedicht der bekannten Heimatdichterin blieb in Privatbesitz und wurde nie veröffentlicht.

Eike nahm nach dem Tod ihres Mannes umfangreiche Umbauarbeiten ihres Hauses, das ihr Großvater 1840 gebaut hatte (Dörpstrat 2), vor, verkaufte es aber 1919 und zog in die Dörpstrat 6. Die einstige Besitzerin, Namine Witts Mutter, war zusammen mit Kindern nach Amerika ausgewandert, nachdem sich ihr Mann, Kapitän Simon Nahmen Paulsen, in China das Leben genommen hatte. Nun gehörte das Haus Eike Jensen, und ihr Sohn Nahmen wollte die dazugehörige Landwirtschaft betreiben. Nur wenige auf Föhr wissen heute noch etwas von ihm, es sind vor allem Eike und ihre Tochter Engellena, die noch sehr wach sind in den Erinnerungen der Föhrerinnen und Föhrer: „Natürlich habe ich Engellena Jensen und ihre Mutter Eike wie auch den Bruder Nahmen, der leider früh ... ums Leben kam, sehr gut gekannt. Wir Geschwister waren oft bei ihnen in Oevenum zu Gast, besonders, wenn der Pflaumenbaum in ihrem Garten voll der gelben Früchte hing, waren wir dort zu finden - am Plummsündag," schrieb Eduard Boetius aus Schülp/Rendsburg, Enkel des Reedereigründers Steffen-Heinrich Boetius (14.10.2001). Nahmen Jensen starb mit 22 Jahren in einer Kieler Klinik an Leukämie. „Wieder versank Eike in tiefer Trauer und haderte mit Gott und ihrem Schicksal."

Aufgewachsen mit der Traditon zweier alter Föhrer Familien, in denen über Jahrhunderte wertvolle Einrichtungsgegenstände, Gemälde und Fliesentableaus weitergegeben wurden, die die guten Stuben ihrer Häuser in den Inseldörfern zu Museen werden ließen, war es für Eike Jensen selbstverständlich, ihr Erbe zu bewahren und an ihre Tochter weiterzugeben. Nicht alle dachten so und gingen nach Eikes Meinung viel zu locker mit den ererbten Kulturgütern um - manches wurde achtlos weggeworfen oder an Sammler verkauft. Ihre Überlegungen trafen sich mit denen des nur wenige Jahre älteren Carl Häberlin, der als Arzt auf die Insel gekommen war und sich seitdem ebenso intensiv um seine Patienten kümmerte wie um die Rettung der Föhrer Kulturgüter. 1902 war es im „Nordfriesischen Hof" zur Gründung eines „Naturwissenschaftlich-Kulturhistorischen Vereins" gekommen, zu dessen Vorstand so bekannte Wyker Männer wie Bürgermeister Lorenz Petersen, der Schriftsteller Richard Friede, der Fotograph Waldemar Lind, Lehrer Jewe und Dr. Otto

Eike Jensen am Fenster ihres Oevenumer Hauses

Mensendieck zählten. Carl Häberlin übernahm den Vorsitz, und das nicht nur der Form halber, er kümmerte sich von Beginn an aktiv und persönlich um die Bewahrung der Gegenstände friesischer Lebensart. Wo und wie die erste Begegnung zwischen den zwei Sammlern und Bewahrern Eike Jensen und Carl Häberlin stattfand, ist unbekannt - für beide aber war es der Beginn einer äußert fruchtbaren Zusammenarbeit. Dazu Laura Rasmussen: „Teil der schönen Kachelwand im Wohnzimmer des Hauses [Dörpstrat 8] war einst das sehr seltene Kachelbild mit dem Motiv ‚Schiffe auf Walfang'. Dieses Kachelbild befindet sich heute im Flensburger Museum. Frau Eike Jensen, die Hausnachbarin aus Dörpstrat 6 ... hat dafür gesorgt, daß so schöne alte Sachen nicht verloren gingen, sondern jedenfalls teilweise in die Museen kamen". Eike Jensen war nicht nur mit ‚halb Föhr' bekannt und verwandt, sie hatte auch über ihre Hilfsbereitschaft in vielen Häusern Zugang und konnte mit ihrem Wissen über die Inselgeschichte als Kennerin beurteilen, was unbedingt gerettet werden mußte und ins Museum gehörte. Sie unterstützte Häberlin mit ihrem Kentnissen, ihren Verbindungen und trug so wesentlich zum Aufbau der Sammlungen im Museum bei. Das Protokoll der 7. ordentlichen General-

Von links: Sophie Feddersen, Engellena Jensen, Carl Häberlin, unbekannt, unbekannt, H.P. Feddersen, Otto H. Engel

versammlung des heutigen Museumsvereins vom 23. März 1909 vermerkte: „Der Vorsitzende gedenkt mit Dankbarkeit der Unterstützung, die Frau Eike Jensen ... bei der Einrichtung der Sammlung gewährt. Frau Jensen hat außerdem höchst wertvolle Stickereien und Silbersachen dem Museum leihweise überlassen."

Im Oktober 1927 erhielt Eike Jensen anläßlich des 25jährigen Jubiläums des Museumsvereins die silberne Medaille und eine Urkunde für ihre Verdienste um die Erhaltung friesischer Kulturgüter. Dabei war sie neben vier Männern die einzige Frau, die diese öffentliche Anerkennung ihrer jahrelangen Arbeit erhielt. Auf Föhr galt sie als „eine ausgezeichnete Kennerin der föhringer Verhältnisse und viel davon ist in heimatlichen Werken niedergelegt. So war sie Beraterin und Förderin einer stattlichen Zahl von wissenschaftlichen Schriftstellern, die sich unsere Insel zu ihrem Forschungsgebiet erwählt haben."

Drei Jahre später mußten die Föhrerinnen und Föhrer am 19. Mai 1930 unter der Rubrik „Insel-Nachrichten" lesen: „Eine erschütternde Trauerkunde durcheilte Sonnabend abend unsere Insel mit Windeseile. Zwischen Oevenum und Wrixum bei den Hagedornen ereignete sich ein schwerer Motorradunfall mit leider tödlichem Ausgang. Karl Martens war von dem Hofe seines Bruders von Nordstrand nach hier gekommen, um an einer Familienfeier teilzunehmen. Er war mit seinem Motorrade unterwegs, als an der bezeichneten Stelle Frau Eike Jensen aus Oevenum die Chaussee vor ihm kreuzte, um dem aufgewirbelten Staube zu entgehen. Hierbei kam es zu einem Zusammenstoß. Frau Jensen wurde überfahren und Karl Martens stürzte mit seinem Rade. Die erstere erlitt einen schweren Schädelbruch, dem sie im städtischen Krankenhause in Wyk, ohne das Bewußtsein wieder erlangt zu haben, bald nach ihrer Einlieferung erlegen ist, während der letztere eine ernsthafte Verletzung über dem Auge davontrug und mit einer Gehirnerschüterung darniederliegt. ... Eike Jensen war auf unserer Insel von allen gekannt und bei allen beliebt." Sie wurde im Familiengrab auf dem Friedhof von St. Johannis in Nieblum unter der großen, liegenden Grabplatte neben ihren Großeltern, Eltern, ihrem früh verstorbenen Ehemann und dem gemeinsamen Sohn Nahmen beigesetzt. Vier Jahre nach dem plötzlichen Tod von Eike Jensen veröffentlichte Carl Häberlin 1934 die Nr. 18 der „Föhrer Heimatbücher“ mit dem Titel „Die Nordfriesischen Salzsieder“ und widmete das Buch ausdrücklich „Dem Andenken von Frau Eike Jensen“. Das Titelblatt trägt den Hinweis „unter Mitwirkung von E. Jensen“, womit Eikes Tochter Engellena gemeint war, die die Arbeit ihrer Mutter nun fortsetzte. Carl Häberlin schrieb in seinem Vorwort: „Es war mir eine besondere Freude, hierbei in Fräulein Engellena Jensen, der Tochter meiner unvergeßlichen Freundin und volkskundlichen Helferin, Frau Eike Jensen, Oevenum, eine eifrige Mitarbeiterin zu finden.“

Und zum Schluß

Die Vorfahren von Eike Jensen, geb. Knudtsen (1874-1930)

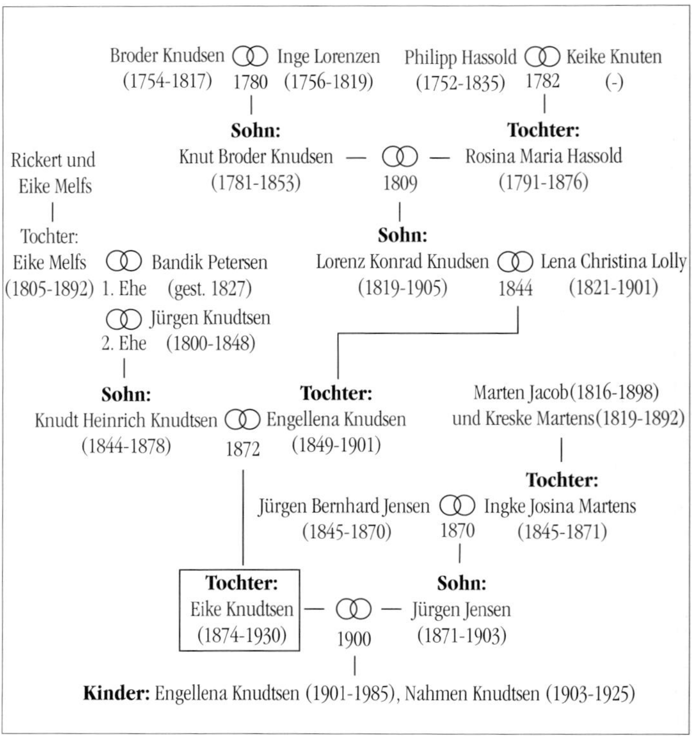

Rebbelstieg 34

Die „Carolinenhöhe" im Garten des Friesenmuseums

Königin Caroline Amalie von Dänemark (1796-1881)

Maler, die nach Föhr kamen, stellten ihre Staffelei gerne auf die „Carolinenhöhe", um von dort mit einem besseren Überblick über Natur und Gestalt der Insel Föhr noch heute bekannte Ansichten anzufertigen, die interessante Aufschlüsse über das frühere Wyk und die ganze Insel geben. So entstand Albert von Kellers großes Bild „Seebad Wyk". Und wenn Johann Friedrich Fritz, der die „Carolinenhöhe" als ideales Freiluftatelier noch vor seinem Kollegen Keller entdeckt hatte, einmal nicht von dort seine Motive suchte, dann fertigte er in den 40er Jahren des 19. Jahrhunderts andere noch heute bekannte Ansichten von Föhr an: „Wyck auf Föhr", „Der Sandwall in Wyk auf Föhr" oder „Die Erholung in Wyk auf Föhr". In seiner Flensburger Steindruckerei entstanden von seinen Werken Lithographien, die er als Erinnerungsblätter an die immer zahlreicher werdenden Gäste Föhrs verkaufte. Zu den prominentesten gehörte das dänische Königspaar, das Johann Friedrich Fritz mit einem Gemälde beauftragte, das die königliche Familie im Park von Schloß Sorgenfri (nördlich von Kopenhagen) zeigt.

Seit König Christian VIII. und seine Frau Caroline Amalie die Insel für ihre Sommerfrische entdeckt hatten, reisten sie alljährlich für vier bis sechs Wochen nach Föhr. Und das kleine Wyk wurde sozusagen zur Residenzstadt des Dänischen Königreichs, das sich zu dieser Zeit von Skagen bis nach Altona erstreckte. Das Königspaar und sein großes Gefolge zogen zahlreiche weitere Gäste nach sich, und schon bald kletterte die Zahl der Sommergäste zum ersten Mal über die 1000er Grenze. Während die Majestäten mit ihren engsten Bediensteten im „Königshaus" (heute: Ecke Große Straße/Königstraße) logierten, fanden die übrigen Angehörigen des Gefolges Quartier in

Privathäusern, wobei sie die Große Straße und den Sandwall bevorzugten. So soll der Kammersekretär in der Großen Straße 16 („Insel-Bote"), andere im Haus Nr. 14 („Möwe") gewohnt haben. Am Sandwall, im Haus des aus Dänemark stammenden Kapitäns Jes Wollesen Krap, der den schleswig-holsteinischen Freiheitskämpfer Uwe Jens Lornsen auf dessen Flucht nach Südamerika bis Amsterdam gebracht hatte, wohnte nun die dänische Hofdame Fräulein von Krogh mit ihrem Kammermädchen.

Man richtete sich auf die hohen Gäste ein: Die Post ging zweimal am Tag ab statt zweimal in der Woche, und ein Dampfschiff wurde den ganzen Tag abfahrbereit gehalten. Auf dem Sandwall wurde eine weitere Reihe von Bäumen gepflanzt, und jeder Hausbesitzer bemühte sich um ein hübsches Saisongesicht seines Eigentums. „Sauberkeit ist ein allgemeines Attribut der nordfriesischen Häuser und wird schon dadurch garantiert, daß ... die friesische Sprache für das Wort ‚scheuern' fast ein Dutzend verschiedener Ausdrücke hat", schrieb später ein Föhr-Kenner. Für die Badegäste fanden „Lusttouren" zu Wasser mit den „Lustkuttern" der Wyker Schiffer und Kapitäne statt, und es wurden erste Überlegungen angestellt, wo das Königspaar denn seine Sommerresidenz bauen könnte. Ein Platz, der dafür durchaus in Frage kam, befand sich damals bei den „Schanzen", die aus hohen Sandhügeln bestanden und sich etwa vom heutigen Georg-Reimers-Weg/Ecke Sandwall bis zum „Café Valentino" (Sandwall 35) hinzogen. Der Bauplatz war bereits gekauft und ein kleines Strohdachhaus, welches dort (heute: „Café Valentino") stand, auf Kosten des Königs abgerissen worden. In der Süderstraße baute man das Haus (späterer Besitzer: Matthias Clausen) wieder auf. Aus

Der auf Föhr sehr beliebte Christian VIII. von Dänemark

der geplanten Sommerresidenz aber wurde nichts, denn mit dem Jahr 1848 änderte sich vieles, und die sogenannte „Königszeit" war auf Föhr zu Ende.

Den Wykerinnen und Wykern aber blieb von Königin Caroline Amalie die „Carolinenhöhe" als Andenken und vor allem ein ganz einmaliges Stückchen Wyk, das in den Erinnerungen der Einheimischen und vieler Gäste noch ganz lebendig ist: der Königsgarten. Gleich im ersten Jahr ihres Sommeraufenthalts hatte die Königin ein Gelände in der Nähe des Hafens (ursprünglich eine vom Hochwasser ausgespülte Wehle) gekauft und machte daraus einen Anziehungspunkt für Jung und Alt, der bis zur Mitte des 20. Jahrhunderts bestehen blieb. Der für alle geöffneten Königsgarten (heute: nordwestlich hinter dem Rathaus) erstrahlte im Sommer in den schönsten Blütenfarben, man promenierte am Ufer des kleinen Sees entlang, ruhte auf einer Bank im Schatten aus, erfrischte sich in Gartenlokalen und sah den Kindern, die hier oft von der Königin zum Essen und Trinken eingeladen wurden, beim Spielen zu.

Caroline Amalie, deren Kinderlosigkeit einen „schweren Schatten" auf ihre Ehe warf, suchte sich Ersatzkinder und kümmerte sich nicht nur um ihren Stiefsohn, den späteren König

Der Königsgarten in Wyk auf Föhr

Friedrich VII, sondern auch um Bedürftige und Arme. Sie richtete in Kopenhagen und Odense Asyle für Arme ein und folgte mit großem Interesse dem Gedanken der freien Schule des Volkserziehers Nikolai Grundtvig, der schon 1844 die erste Volkshochschule in Dänemark errichtete. Zum Vorbild für eigene Initiativen nahm Caroline Amalie die Arbeit Elisabeth Frys, die 1817 in England den „Frauenverein zur Besserung weiblicher Sträflinge“ ins Leben rief. Und von der Hamburgerin Amalie Sieveking, der Begründerin der weiblichen Vereinstätigkeit in der Armenpflege, ließ sich die Königin inspirieren, 1843 einen Frauenpflegeverein einzurichten.

Caroline Amalies Mutter war Louise Augusta, die nach ihrem Vater, dem königlichen Leibarzt Struensee, in Hofkreisen „la petit Struensee“ genannt wurde. Ihre Mutter, die des Landes verwiesene Königin Karoline Mathilde, hatte sie nie richtig kennengelernt. Louise Augusta und ihr Ehemann zogen ihre Tochter Caroline Amalie in der gesunden, ländlichen Umgebung Augustenborgs/Alsen auf und boten ihr und den jüngeren Brüdern ein liebevolles Zuhause, in dem Liebe und Vertrauen zueinander sehr wichtig waren. Das kleine Mädchen bekam mit sechs Jahren die erste Lehrerin und wurde in allen Kenntnissen, die eine Prinzessin benötigte, sorgfältig über viele Jahre hinweg kontinuierlich unterrichtet. Die Anerkennung weiblicher Kenntnisse und Autorität, Gespräche mit anderen Frauen, die sich nicht um die üblichen Konversationsthemen eines adligen Fräuleins drehten, und den Überblick über die Geschehnisse ihrer Zeit, die Pläne für die Zukunft erforderten - all das lernte Caroline Amalie in den Unterrichtsstunden bei ihren Lehrerinnen Fräulein Pedersen und Fräulein Delolme. Hinzu kam, daß sie schon früh Kontakt hatte zu den politisch und kulturell einflußreichsten Persönlichkeiten Kopenhagens, mit denen ihre literarisch und philosophisch interessierten Eltern, die zu den Mäzenen des Dichters Friedrich Schillers gehörten, in engem Austausch standen. Zu den Gästen auf Augustenborg gehörten neben vielen anderen der Dichter Jens Baggesen, die Ehepaare Bernstorff, Schimmelmann und Reventlow. Und so war es für Caroline Amalie auch nicht ungewöhnlich, daß sie einen Kreis energischer Frauen um sich versammelte, die sich mit ihr zu Beratungen auf Schloß Sorgenfri trafen. Caroline

Amalie, die in ihren späteren Lebensjahren eine große Popularität genoß, widmete sich bis zu ihrem Tod der sozialen Arbeit und galt als eine den Zeitströmungen und politischen Entwicklungen gegenüber aufgeschlossene Frau, die die 1848er Bewegung mit Sympathie betrachtete und das dänische Volk als demokratiefähig betrachtete.

Und zum Schluß

Die „Carolinenhöhe" ist als „Galgenberg" aus den Erzählungen längst verstorbener Wyker bekannt, die sich noch daran erinnerten, daß dort das jährliche Biikenbrennen stattfand. Noch zu Beginn des 20. Jahrhunderts versammelte man sich auf dem Wyker Schulplatz, um von dort mit Musikbegleitung zum Galgenberg zu marschieren, wo riesige Reisighaufen abgebrannt wurden. Mit Fackeln und Lampions ging es später zurück zum Sandwall, während eine Brandwache auf die noch glimmende Glut achtete und den Wind im Auge behielt.

Das Friesenmuseum einige Jahre nach seiner Fertigstellung, ca. 1910

Boldixumer Straße 13-15: „Kaufhaus Knudtsen"

Die flinke Chefin

Elena Knudtsen, geb. Arfsten (1885-1970)

„Boy und ich sind bald 73 Jahre alt, da nähern wir uns dem Endziel der Weltreise, möchten die Verbindung aber unsere Zeit überdauern lassen, durch schnelle Schiffe und Flugzeuge weiß man nie, ob in späteren Jahren nicht nochmal Nachkommen zusammenkommen können", schrieb Elena Knudtsen ihren wiederentdeckten Verwandten in Australien im Januar 1953.

Wenige Wochen vorher war bei einer Flensburger Zeitung der Brief einer Australierin eingegangen, die nach Vorfahren ihres Föhrer Großvaters Canute Knudtsen suchte und sich in ihrer Ratlosigkeit erst einmal an eine überregionale Zeitung gewandt hatte. Schnell klärte sich die Sache auf: Boy Ahrendt Knudtsen war ein Neffe von Canute, der auf Föhr Arfst geheißen hatte. Um 1855 hatte er die Insel verlassen, und da die Nachrichten einige Jahre nach seiner Auswanderung ganz aufhörten, wußte niemand in der Familie, was aus ihm geworden war. Elena Knudtsen übernahm es, den ‚neuen' Verwandten von ihrer Föhrer Familie zu erzählen und berichtete dabei auch über sich und ihren Mann: „Auch mein Name Elena Knudtsen, geb. Arfsten ist gut bekannt, wir sind ja beide Insulaner und unsere Vorfahren gehen beiderseits auf der Insel weit zurück."

Boy A. und Elena Knudtsen

Elena war die Tochter des Landmanns Jens Arfsten und seiner Frau Meta, deren Familie schon seit 1859 das Haus Bi de Süd 28 in Nieblum bewohnte. Dort wurde Elena 1885 geboren und wuchs zusammen mit vier Brüdern auf. Nieblum entwickelte sich damals langsam zu einem beliebten Ort für Sommergäste, den auch Maler und Schriftsteller sehr gerne aufsuchten. Hier fanden sie noch etwas von der ganz ursprünglichen Lebensart der Friesen und sie hielten ihre Eindrücke in vielfältiger Art fest. Im Jahr der Geburt von Elena Arfsten hatte Nieblum 414 Einwohner und die Zeitung meldete, daß Badegäste seit einigen Jahren auch in Nieblum Quartier nahmen und für die Saison 1886 empfahl sich ganz besonders „Witts Gasthof und Garten", der mit dem Namen der Föhrer Dichterin Namine Witt verbunden ist, die das Gasthaus zusammen mit ihrem Mann Broder Jansen Witt führte. Vier Jahre später war nicht nur ein Kommitee für das Inserieren in auswärtigen Zeitungen gegründet, es sollte auch jeder, wenn möglich, ein Zimmer oder zwei Betten zum Vermieten an Badegäste zur Verfügung stellen. Es wurden sechzig Betten gemeldet, und 1903 kamen so viele Badegäste (130), daß es schon problematisch wurde, sie alle unterzubringen. Ein begeisterter Ortschronist schrieb: „Die Hausbesitzer Nieblums tun für die Aufnahme der Kurgäste nicht viel. Sie öffnen ihre besten Stuben, stellen Betten hinein usw. und sind dann für Logiergäste eingerichtet. Aber gerade dieser Umstand, daß sie sich nicht in große Unkosten stürzen, bringt den Leuten reinen Gewinn. Möchte es immer so bleiben!"

Mit 26 Jahren heiratete Elena Arfsten aus Nieblum Boy A. Knudtsen aus Borgsum, dessen Vater, den Landmann Boy Johann Knudtsen, sie schon als Kind kannte: „Wir Kinder von Nieblum bewunderten den großen Pferdewagen, wenn er mit seiner großen Familie [elf Kinder] durch Nieblum nach Alkersum fuhr." Boy Johann Knudtsens Sohn war Kaufmann geworden und hatte bei Ludwig Matthiesen gelernt, der sein Geschäft mit „Manufactur-, Mode-Waren und Confection" an der Ecke Hafenstraße/Boldixumer Straße betrieb. 1897 machte er mit seinen „Neuheiten in Kleiderstoffen, schon für 44 Pfennig" im Bäderführer Werbung und empfahl sich einige Jahre später als „alleinige Niederlage der von hiesigen Ärzten besonders empfohlenen Mahrs poröser Unterkleidung". Sein Lehrling Boy Ahrendt war besonders flink und wußte schon manchmal, was die Kunden wollten, wenn diese gerade erst den Laden betreten hatten. Und wenn dieser aufgeweckte junge Mann mit dem besonderen Gespür für die Kundschaft ab und zu kurz vor die Tür guckte, sah er die Kunden seines Lehrmeisters oft schon von weitem aus Richtung Boldixum kommen: „Wenn es galt, ‚in de Wieck to't Fest intokopen'*, dann konnte man damals eigentümliche Gestalten erblicken, die auf einsamer Landstraße hinausstrebten zum Weihnachtseinkauf. Mannsleute in derber, dicker Winterkleidung, die Webb-Büxen in den geschmierten Schaftstiefeln, auf dem Kopfe eine über das bärtige Kinn herabhängende, dicke Mütze, die nur einen Schlitz für die Augen freiließ, in der Faust einen Knoten-Pickstock. Und die lieben Wüffen und Fommen** waren nicht minder vermummt."

Boy Ahrendt Knudtsen nahm später Stellungen in auswärtigen Geschäften an, besuchte die Handelsakademie und war so bestens vorbereitet für sein eigenes Gemischtwarengeschäft, das er 1911 gleich nach der Heirat mit Elena Arfsten in seinem Heimatdorf Borgsum eröffnete. Da ihr Mann auch weiterhin seine Tätigkeit als reisender Kaufmann ausübte, führte Elena das Geschäft, dem auch noch die Poststelle angeschlossen war, und kümmerte sich um ihre zwei Kinder: 1912 wurde Boy Julius, 1913 Meta geboren. Ein Jahr später begann der 1. Weltkrieg, und Boy Ahrendt Knudtsen wurde zunächst nach Sylt und später in den Westen abkommandiert, von wo er 1918 endlich zurückkehrte. Dank Elenas Arbeit und unermüdlichem Einsatz bestand das Borgsumer Geschäft weiter, aber jetzt dachte das Ehepaar daran, den Sprung nach Wyk zu wagen, um ein größeres Geschäft im Hauptort der Insel zu eröffnen. Die Zahl der Badegäste nahm jetzt wieder zu, und es war nicht nur wegen der damit verbundenen steigenden Bedürfnisse der Einheimischen mit einem guten Umsatz zu rechnen. Den Plan, das Geschäft seines ehemaligen Lehrherrn Ludwig Matthiesen zu übernehmen, legte Boy Ahrendt Knudtsen beiseite, als man ihm und seiner Frau die kleine „Villa Marie" in der Boldixumer Straße anbot, wo sich noch heute das „Kaufhaus Knudtsen" befindet. Das Haus samt Grundstück wurde gekauft und dann ging's los. Schon bald zeigte sich, daß die Investion richtig war, die Umsätze stiegen und das „Kaufhaus Knudtsen" wurde immer bekannter, nicht zuletzt deshalb, weil der Chef des Hauses mit seinem Pferdegespann über die Insel Föhr und Amrum fuhr, um Aufträge für Konfirmationsanzüge und

*"*in Wyk fürs Fest einzukaufen*"
** *Frauen und Mädchen*

andere Bestellungen anzunehmen. Bald benötigte man mehr Verkaufsraum und baute in den nächsten Jahren immer wieder um, bis zum 2. Weltkrieg fast alle zwei Jahre.

1953 schrieb Elena ihren Verwandten in Australien: „Für mich und meinen Mann geht die Arbeitszeit vom Aufstehen bis zum Zubettgehen. Es ist schwer, in unserem Alter ein Geschäft mit einem Nichts zu beginnen." Nach dem Ende des Krieges hatten Knudtsens mit einer „Tauschzentrale" in den alten Geschäftsräumen nochmal neu angefangen, und in „zäher Arbeit mit Hilfe der Tochter Meta und von Hans A. Hansen baute das Ehepaar den Betrieb wieder auf." Die „Tauschzentrale" wurde lebhaft angenommen und konnte sich über fehlende Kundschaft nicht beklagen. Elena Knudtsen gehörte zum Geschäft wie ihr Mann, hielt Kontakt zur Kundschaft und war

„Villa Marie", das spätere „Kaufhaus Knudtsen"

unermüdlich mit dem Ausbau beschäftigt. So konnte 1956 eine große neue Schaufensterfront zur Boldixumer Straße hin eingeweiht werden. Im Jahr davor schrieb sie nach Australien: „Ich möchte gerne viel öfters an alle schreiben, es nützt aber nichts, ich komme mit dem besten Willen nicht dazu. Boy und ich sind ja nur alleine verantwortlich für den Betrieb, und dann ist es Abend ehe wir gedacht, dann wird nach dem Abendbrot noch die eingehende und ausgehende Post gesehen, inzwischen ist es dann 10 Uhr und wir sind müde. Im Geschäft lösen sich die Zeiten so schnell ab, und fast bei jeder Gelegenheit wird aus unserem Geschäft was gebraucht, vom Anfang des Menschen bis zum Ende des Lebens, zwischendurch alle Feiertage, Jahrmarkt, Ausverkauf, zwischen all dem der Einkauf, den Boy und ich immer besorgen. Wir freuen uns, daß wir noch so gesund sind, arbeiten können und mögen, und die Kundschaft, wie wir merken, gerne zu uns kommt."

Eines aber konnte das Ehepaar nie verwinden. Im Mai 1953 schrieb Elena: „Unser Junge ... fehlt uns. Wir denken, Euch hat das Leben nicht so weh getan wie uns". Sie hatten ihren Sohn, den Erben des Geschäfts, Boy Julius, im Krieg verloren. Er fiel 1941 bei einem Nachtüberfall 60 km vor Moskau. „Das ist unser schwerster Schlag", schrieb Elena, und fügte hinzu: „Unser Boy Julius war weder verlobt noch verheiratet, wir hätten ihn und seine Nachkommen so gerne für unseren so mühsam erworbenen Betrieb gehabt." Zu dieser Zeit gehörte ihre Tochter Meta bereits zu den Stützen des Geschäfts, in dem außer ihr und Hans A. Hansen, der über Jahrzehnte das Bild des „Kaufhauses Knudtsen" mitprägte, 1953 noch acht Helfer arbeiteten.

1961 feierte man im Haus Knudtsen gleich zwei Jubiläen: Die Goldene Hochzeit des Unternehmerehepaares und das 50jährige Geschäftsjubiläum. Das weitere Bestehen ihres Kaufhauses war zu dieser Zeit mit der folgenden Generation, mit Meta Rethwischs Kindern, bereits gesichert. Das hielt ‚die Alten' aber nicht davon ab, sich auch weiterhin um ihr Lebenswerk selbst zu kümmern. Täglich sahen die Wykerinnen und Wyker Elena Knudtsen den gewohnten Weg zur Volksbank gehen, um dort Geld einzuzahlen. Über die Chefin des Hauses schrieb der „Insel-Bote" 1961: „Und wer heute insbesondere die flinke Chefin auf dem Fahrrad durch den Wyker Großstadtverkehr steuern sieht, der will noch nicht glauben, daß sie nun 76 geworden ist." Erst mit 80 Jahren setzte sich das Ehepaar zur Ruhe und genoß es, nun mehr Zeit für die vielen Dinge zu haben, die stets hinter dem Geschäft hatten zurückstehen müssen. Im 86. Lebensjahr starb Elena Knudtsen ganz überraschend an einem Sonntag im September 1970, nachdem sie einige Tage zuvor noch an ihrem Damenclub teilgenommen und mit dem Gärtner die Gräber ihrer Familie in Nieblum gerichtet hatte. Ihren Mann konnte man die nächsten Jahre noch manchmal oben am Erkerfenster seines „Kaufhauses Knudtsen" sitzen und die Straße beobachten sehen.

Und zum Schluß

Elena Knudtsen vermietete neben ihrer Arbeit im Geschäft auch noch an Sommergäste und schrieb 1953, daß sie „mit der Familie und Freunden nachts mit 25 Personen untergebracht" waren.

„Kaufhaus Knudtsen" nach diversen Umbauten

Hafenstraße 3

Sie heiratete spät, das war ihr Glück!

Dorothea Jürgensen, geb. Nommensen (1885-1976)

1963 wurde das Föhrer Dorf Boldixum 500 Jahre alt. Als „Boldichsum“ konnte es zusammen mit Oldsum, Dunsum und Hedehusum seit eines 1463 bestehenden Zinsbuches, das der Bischof von Schleswig für die Einnahmen aus dem Landgeld (Steuer) der einzelnen Ortschaften hatte anfertigen lassen, nachgewiesen werden. Damals war die Insel noch nicht von einem festen Deich geschützt und in der Nähe Midlums befand sich ein größerer Binnenhafen, der durch eine Wehle in Richtung Osten mit der Nordsee verbunden war. Entlang dieser Wehle lag auch das von weiten Marschgebieten umgebene Dorf Boldixum, in dem die Bewohner sich vor allem vom Fischfang ernährten. Das Wasser der Wehle setzte das Land häufig unter Wasser, so daß auf diesem Salzgrasboden keine Landwirtschaft betrieben werden konnte. Vom Herings-und Rochenfang lebten die Menschen, bis schließlich das 18. Jahrhundert und der Walfang eine neue Zeit einläuteten, die in viele Häuser Wohlstand brachte und als das „goldene Zeitalter“ in die Geschichte einging. Zu Beginn des 19. Jahrhunderts gehörte die Hochzeit des Walfangs der Vergangenheit an, und mit der Einführung der Landaufteilung stieg allmählich die Zahl der Landwirte. So lebten 1840 zum ersten Mal mehr Landwirte (80) als Seefahrer (70) in dem von 313 Menschen bewohnten Dorf Boldixum. Die nächsten hundert Jahre war Boldixum von der Landwirtschaft geprägt: 1902 zählte man 60 Pferde, 350 Rinder und 112 Schafe.

Zwei Jahre vor der Geburt der kleinen Dorothea Nommensen im Jahr 1885 standen 96 Häuser in Boldixum, und um 1900 wohnten dort über 570 Menschen. Dorothea Nommensen war das einzige der sieben Kinder ihrer Eltern Dietrich Broder und Caroline Nommensen, das noch in Midlum geboren worden war. Als 1887 ihre Schwester Anna Margarethe zur Welt kam, hatte das Ehepaar Nommensen schon das Haus des Kapitäns Andreas Boysen in Boldixum gekauft, weil der Frachtschiffer Dietrich Broder Nommensen von dort aus leichter seine Fahrten zwischen Husum und Wyk bewältigen konnte.

Im Alter 67 Jahren setzte sich Dorothea, die inzwischen eine verwitwete Jürgensen aus Wyk war, hin, schrieb auf „Was ich als Älteste von sieben Geschwistern noch von meinen Vorfahren weiß“ und hielt in ihrer gleichmäßigen Schrift die Geschichte ihrer Familie fest: „Unser Atje [Vater] wurde auf Hallig Oland am 27. Dezember 1855 geboren, später gingen seine Eltern nach Wyk, wo auch Großvater Boy Nommensen die Frachtschiffahrt betrieb. Atje wohnte mit seinen Eltern und seiner Schwester Hedwig in Wyk in der Süderstraße und ist als junger Mann immer als Schiffszimmermann nach Übersee gefahren, als er dann aber verheiratet war, kaufte er sich ein Schiff und betrieb die Frauchtschiffahrt. Memm [Mutter] wurde in Midlum geboren am 15. Dezember 1856 und wohnte mit ihrer Mutter und Großmutter in Midlum“, nachdem ihr Vater, der Kapitän Wilhelm Knudtsen, schon 1858 auf einer Fahrt nach Afrika an einem Fieber erkrankte und in einem Hafen in der Nähe von Lagos starb. Mit 24 Jahren wurde Anna Knudtsen schon Witwe und hat „ihr schweres Leben tapfer getragen“. Ihre beiden Kinder ernährte sie im Winter mit Webarbeiten und im Sommer mit Tageslohnarbeit bei den Bauern. „Dann verlor sie später durch einen Unglücksfall bei Kap Horn ihren einzigen Sohn. Jan Theodor Knudtsen war Steuermann auf einem Hamburger Segelschiff und verunglückte im Sommer 1885, als er die Arbeit eines anderen übernahm und dabei über Bord fiel.“ Und Dorothea Jürgensen schreibt weiter über ihre Großmutter Anna: „Nachher hat sie dann noch in unserem kinderreichen Haushalt viel Arbeit geleistet. Damals haben wir das alles noch nicht gewürdigt, heute weiß ich, was sie geleistet hat. Sie hat für sich nie etwas verlangt, immer nur für uns gesorgt.“

Mit zwei Schwestern und drei Brüdern wuchs Dorothea in Boldixum auf. Über das Schicksal ihrer Schwester Anna Margarethe erzählte sie später: „Sie starb mit 32 Jahren an der Ruhr im Krankenhaus in Burg bei Magdeburg. Sie war Krankenschwester, pflegte Ruhrkranke und zog sich dabei selbst die Krankheit zu. Memm weilte an ihrem Krankenbett und sie starb am 18. September 1919. Ihre Leiche wurde nach hier überführt und sie ruht neben den Eltern auf dem St. Nikolai Friedhof."

Im Jahr 1910 verließ Dorothea Nommensen ihre Heimatinsel, ging nach Berlin und lernte dort den Beruf der Kinderpflegerin. Im Haus eines Oberfinanzrats in Berlin-Lichterfelde betreute sie nach bestandenem Examen elf Jahre das kranke Kind des Hauses und kam jeden Sommer mit der Familie zu einem längeren Kuraufenthalt nach Föhr. Aber es zog sie immer wieder nach Berlin zurück. Berlin bot der interessierten, selbständigen und lebensfrohen Dorothea viel Abwechslung und Anregung. Sie besuchte Theater und Ausstellungen, ging auf dem Kurfürstendamm spazieren, saß in den Cafés „Unter den Linden" und schaute den vorbeiflanierenden internationalen Berlinbesuchern nach, zwei- dreimal am Tag gab es neue Zeitungen und die Buchläden der Hauptstadt boten Dorothea Nommensen einen unerschöpflichen Lesesstoff in ihren Regalen und Auslagen an. Und es waren die ‚neuen' Frauen, die von sich reden machten. Mit einer Geschwindigkeit, daß den Männern der Atem stockte, warfen sie das 19. Jahrhundert über Bord, zogen die Korsetts aus, kürzten ihre Röcke oder zogen gleich Hosen an, ließen sich den „Bubikopf" schneiden und lernten Autofahren. Erika Mann, Marlene Dietrich, Anita Berber und Vicki Baum waren Namen, die man nun immer öfters hörte.

Während eines Sommeraufenthalts auf Föhr lernte Dorothea Nommensen den Baumeister John Roluf Jürgensen kennen, dessen Taufe einst noch viele Jahre danach für Gesprächsstoff auf Hooge, der Heimathallig seiner Mutter, gesorgt hatte: „Pastor Langbehn von Pellworm wurde durch den Baum des Segels von Bord gestoßen und ertrank auf der Fahrt zur Taufhandlung nach Hooge". John Roluf Jürgensen besuchte in Wyk die Schule und wurde 1900 konfirmiert. Er lernte bei seinem Vater, der das seit ca. 1858 bestehende Baugeschäft und Bestattungsunternehmen in diesen Jahren von der gegenüberliegenden Seite (heute: Parkplatz vom „Hotel Colosseum") in die Hafenstraße 3 verlegte und als Tischlerei und Zimmerei neu eröffnete. In der „Kgl. preußischen Baugewerbeschule" zu Eckernförde wurde John Roluf Jürgensen in den Winterhalbjahren 1901 bis

1905 weiter ausgebildet und konnte schließlich 1910 den Betrieb seines Vaters übernehmen. Im Jahr davor hatte er Elise Jensen aus Midlum geheiratet, die bald nach der Geburt ihrer drei Söhne Roluf, Nanning und Emil starb. Der noch junge Witwer lernte Dorothea Nommensen kennen und sah in ihr nicht nur eine passende Frau, sondern auch eine Mutter für seine drei kleinen Söhne und eine patente, tüchtige Partnerin in der Leitung eines großen Geschäftshaushalts. Dorothea ging nicht gerne weg von Berlin, gab nicht gerne ihren Beruf und ihre Selbständigkeit auf. Ihr Leben würde sich vollkommen ändern, wenn sie nach Föhr zog und John Roluf Jürgensen heiratete. Wollte sie das? Ihre Töchter Elise Dorothea und Lene Caroline, genannt Leni, hielt sie später zu einem selbständigen Leben an: „Guckt Euch die Welt an!“

Mit schon 36 Jahren heiratete Dorothea Nommensen schließlich und konnte anders als die meisten Frauen ihrer Generation auf viele Jahre eines erfüllten, selbständigen Lebens zurückgreifen, wenn ihr der große Handwerksbetrieb, das Kochen für die Familie und die Lehrlinge und das Bestellen des Landes manchmal über den Kopf wuchsen. „Wir haben Bohnen genibbelt bis zur Bewußtlosigkeit“, erzählte ihre Tochter Leni und strahlte

Dorothea Jürgensen (4. von links) und ihr Handarbeitskreis

dabei etwas von dem Humor und der Gelassenheit aus, für den schon ihre Mutter in Wyk bekannt war. „Meine Mutter war ein Geschenk des Lebens an uns und war stets der Mittelpunkt unserer Familie. Sie war eine überaus gütige Frau und eine richtig Mutter, wie sie sich jeder Mensch wünscht“, sagte Leni und weiß noch genau, daß Dorothea Jürgensen sehr beliebt war bei den Nachbarskindern in der Hafenstraße.

Während des 2. Weltkrieges schrieb Dorothea Jürgensen jeden Sonntag vier Briefe - jedes ihrer abwesenden Kinder bekam einen. Ihre Söhne, die ja genaugenommen gar nicht ihre waren, hatten den gleichen festen Platz in ihrem Herzen wie ihre zwei Töchter, und es war entsetzlich, sie zu verlieren: „Der 2. Weltkrieg riß eine große Lücke in die Familie. Zwei Söhne, Roluf und Emil, mußten ihr Leben im Krieg lassen. Das war sehr schmerzlich. Nanning kam aber zum Glück zurück und konnte bei seinem Vater in das Geschäft mit einsteigen. Trotz vorgerückten Alters besuchten Dora und John Jürgensen zehnmal das Grab ihres Sohnes in Lommel/Belgien“ und legten dabei auch stets einen Blumengruß auf die Gräber der drei anderen Föhrer, die dort ihre letzte Ruhestätte gefunden hatten. Wenige Monate vor Ende des Krieges verlor Dorothea Jürgensen auch ihren Bruder, den Kapitän Wilhelm Nommensen, der bei der „Wyker Dampfschiffs-Reederei“ fuhr und bei einem Tieffliegerangriff auf der Fahrt zwischen Föhr und Amrum auf seinem Kommandostand erschossen wurde.

1963 feierte John Roluf Jürgensen seinen 80. Geburtstag und der „Insel-Bote“ berichtete: „Von morgens an, als die Belegschaft der Firma und die Verwandten gratulierten, riß der Strom der Besucher nicht mehr ab und gab Zeugnis von der öffentlichen und privaten Wirksamkeit des Geburtstagskindes. Es gratulierten Bürgervorsteher Preisler und die Stadträte Hesse, Hinrichsen und Lesch und die Stadtvertreter Brunkhorst und Emil Lorenzen. Es erschienen mit Blumen und Geschenken u.a. die Herren der Föhrer Volksbank, der Jürgensen acht Jahre im Aufsichtsrat und 26 Jahre im Vorstand verbunden ist, die Wyker Dampfschiffs-Reederei, deren Aufsichtsrat er manche Jahre und auch jetzt wieder angehört, die Baugewerbe-Innung mit Obermeister Karl Hassold, das Kommando der Feuerwehr mit den Kameraden Kohl, Twardziok, Newton Michelsen und Karl

Hansen, die Kommunale Gemeinschaft, der John Roluf Jürgensen als Stadtvertreter angehört". Drei Jahre nach diesem großen Fest starb Dorotheas Ehemann, und sie überlebte ihn um zehn Jahre. Schon lange davor hatte sie die Geschichte ihrer Familie aufgeschrieben und mit den Worten geendet: „Mir hat es, besonders wie ich älter wurde, immer leid getan, daß unsere Eltern und Großeltern so gar keine Aufzeichnungen gemacht haben."

Mit 83 Jahren erlitt Dorothea Jürgensen einen Schlaganfall. „Aber auch während dieser Zeit haderte sie nicht mit ihrem Schicksal. Mit 90 Jahren starb sie in meinem Hause", schrieb ihre Tochter Leni, für die Dorothea Jürgensen zum Vorbild für das eigene Leben wurde. Aus der eigenen Erfahrung eines interessanten und selbständigen Lebens wurde ihr mehr und mehr bewußt, wieviel ihre Mutter mit der Heirat 1921 aufgegeben hatte: „Sie heiratete spät, das war ihr Glück!"

Und zum Schluß

Dorothea Jürgensens Bericht über ihre Ur-Urgroßeltern Rörden aus Borgsum, die bei ihrer Heirat gar nicht mehr jung waren: „Der Bräutigam hatte seiner Braut 12 neue Stühle versprochen; er wollte ihr die Sache damit wohl schmackhafter machen. Eine Frau sagte hämisch: ‚Na, Du bist ja schon zu alt; Du brauchst nicht zu denken, daß Du noch Kinder kriegst.' Vielleicht war es Neid, vielleicht hatte sie selbst sich auf den Mann gespitzt. Die Braut antwortete ganz schlagfertig: ‚Wenn ich dann auch keine Kinder kriege, so krieg' ich jedenfalls 12 neue Stühle.' Sie bekam aber noch zwölf Kinder und soll nachher immer gesagt haben. ‚Da wollte ich 12 neue Stühle haben und kriegte 12 Kinder und gar keinen neuen Stuhl.' Innerhalb von zwei Jahren bekam sie übrigens fünf Kinder - zweimal Zwillinge und ein einzelnes Kind."

Hafenstraße 34

Die Zukunft aus dem Kaffeesatz

Julie Matthiesen, geb. Witt

Wykerinnen wie Helga von Allwörden erinnern sich noch 50 Jahre später sehr genau an die dunkle, so fremd aussehende Frau in der Hafenstraße. Am liebsten wäre sie jedesmal vor ihr weggelaufen, aber im Gegenteil: Helga mußte zu ihr hinlaufen. Das Los der kleinen Helga war es nämlich, ausgerechnet in das Haus dieser Frau jeden Tag die Zeitung bringen zu müssen. Und jedesmal schien Jule auch noch auf sie zu warten! Kaum hatte Helga die Tür geöffnet, um die Zeitung ganz leise und schnell im Flur abzulegen, schon kam Jule zusammen mit ihrem schwarzen Kater hinterm dunklen Vorhang im Flur hervor. An ein schnelles Fortkommen war nun nicht mehr zu denken, denn Jule verwickelte sie in ein Gespräch und schaute Helga dabei mit ihren großen Augen derart durchdringend an, daß ihr jedesmal ein Schauer über den Rücken lief. Erst wenn sie sich für die Kekse, die sie mit spitzen Fingern entgegennahm, bei Jule bedankt hatte, konnte sie hinaus aus dem Haus flitzen. Und die Kekse – die bekam der Hund vom Nachbarhaus.

Jule, wie man sie in Wyk nannte, kam aus Husum auf die Insel und galt als patente Frau. Sie war Korbmacherin, reaprierte auch Regenschirme, drehte Papierrosen, fertigte feinste Mobiles an und setzte so gut wie alles, was Geschick und Geduld erforderte, wieder in Stand. Jule war vielseitig: Immer zu einem kleinen Klönschnack aufgelegt, hatte sie oft Kleingeld in der Tasche ihrer Schürze und verschenkte es gerne an Kinder, sie las aus dem Kaffeesatz die Zukunft und konnte Krankheiten wie Gürtelrosen so besprechen, daß die sich nicht mehr trauten, noch länger zu bleiben. In den Erinnerungen der Wykerinnen und Wyker hatte sie „etwas Respekteinflößendes“, andere erlebten sie als „herzensgute Frau“. Julie Matthiesen hatte einen Papagei, der spanische Lieder sang, einen Kater, der nicht von ihrer Seite wich, und einen Mann: Andreas Matthiesen, Heizer bei der „Wyker Dampfschiffs-Reederei“ und in den Erinnerungen mancher „immer schwarz an den Händen und im Gesicht“. Da er nur selten zu Hause war, konnte er nicht der Urheber des penedranten Geruchs nach Maschinenöl sein, der der kleinen Helga jedesmal in die Nase stieg, sobald sie sich dem Haus nur näherte. Jule war es, die ihre Fußböden wegen der Würmer mit Rohöl einrieb. Überhaupt neigte sie zu eigenartigen Ansichten: So schüttete sie ihrem kleinen Stiefsohn Karl Matthiesen eines Tages heiße Milch in die Ohren, um ihn von seinen Ohrenschmerzen zu befreien. Er überstand diese Tortur, blieb sein Leben lang aber fast gehörlos. In Wyk kannte man ihn später als einen der sechs „Kuddels" auf der alten „Nordfriesland, zu denen Korl Nowak, Korl Feddersen, Kalle Brackert, Korl Carstens uns Korl Meyer gehörten." Matthiesens Erinnerungen aus den alten Wyker Zeiten im „Insel-Boten" las man gerne, und mit seinem Kapitel „De Erste Weltkrieg in unse lütte Wyk"* in Band 3 der Reihe „Föhrer Senioren erzählen" hielt er ein Stück Inselgeschichte fest. Seine Freude am Erzählen und Schreiben

Die Drei von der Hafenstraße (von links): Otto de la Roi (1926-1996), Frauke Kreyßig, geb Matthiesen und Karl Volkert Friedrichs (1927-2002)

*„Der erste Weltkrieg in unserem kleinen Wyk"

erbte er wahrscheinlich von seiner leiblichen Mutter, Hanna Marie Johannsen aus Oevenum, deren Sohn aus erster Ehe, Ferdinand Zacchi, als Schriftsteller bekannt wurde. Hanna Marie war „junge schöne Frau, groß und gut gebaut", hatte blaue Augen und dunkles Haar. Sie verliebte sich unsterblich in einen großen, schönen Mann mit „dunklen, blitzenden Augen", mit dem sie unglücklich wurde. Von ihm verlassen, versuchte sie sich und ihre vier Kinder durchs Leben zu bringen und konnte dabei nicht einmal auf die Unterstützung ihrer Familie hoffen. Mit Almosen, schwerer Arbeit und spartanischer Genügsamkeit brachte sie sich durch, bis sie in dem 23 Jahre jüngeren Heizer Andreas Matthiesen einen neuen Mann fand. Nur zwei Jahre nach der Geburt des gemeinsamen Sohns Karl starb Hanna Marie, und der kleine Junge und sein älterer Bruder wuchsen bei ihrer Stiefmutter Jule Matthiesen auf.

Karl Matthiesen, der später bei der W.D.R. als Maschinist fuhr und für sich und seine Familie ein Haus im Starklef baute, litt nach den Erzählungen seiner Tochter Frauke Kreyßig sehr unter den häuslichen Umständen, zumal Jule auch noch dafür bekannt war, „dat se gern een much".* Und da sie es nicht weit hatte, ging sie so manches Mal „op Tüffeln"** rüber zu Stammer und ließ sich eine in Zeitungspapier eingewickelte Flasche neu füllen. Und es ist mehr als ein Gerücht, daß da noch etwas viel Verwegeneres, und wesentlich Kostengünstigers als ‚nur' Alkohol drin war ...

Fertig für den Sonntagsspaziergang: Jule und Andreas Matthiesen

Und zum Schluß

Von Julie Matthiesen angefertigte Mobiles aus Stroh befinden sich im Wyker Friesenmuseum - im Haus Olesen und im ersten Stock des Haupthauses, in der Vitrine „Das Kind".

** „daß sie gerne einen (trinken) mochte"*
*** „auf Pantoffeln"*

Hafenstraße 38

Halligbutter und „Kaiseröl“

Elli Stammer, geb. Bartelsen (1912-2001)

Sie waren keine Wyker, aber ohne sie fehlt ein Stück von Wyk: Hans-Hinrich Stammer aus Süderbrarup/Nordfriesland und Elli Bartelsen aus Maasholm/Nordfriesland.

Die Zeiten waren 1933 schlecht. Es gab keine Arbeit für den gelernten jungen Schlosser Stammer, der endlich seine Elli heiraten wollte. Aber dann las er eines Tages zu Hause in Süderbrarup von einem kleinen Laden, der in dem Nordseebad Wyk auf Föhr ganz in der Nähe des Hafens zu vermieten war. Hans-Hinrich machte sich auf den Weg, um sich das Angebot aus der Nähe anzuschauen. Als er vor dem Haus in der Wyker Hafenstraße 38 stand, war ihm klar, daß sich endlich eine Möglichkeit bot, wieder Geld zu verdienen. Und das Schöne war: Eine Wohnmöglichkeit bot das Haus auch. Der zu vermietende Laden war zwar nicht groß, aber das minderte auch sein Risiko; und seine Elli war eine patente junge Frau, die schon ein paar

Hans-Hinrich Stammer vor seinem Geschäft Ecke Hafenstraße/Riewert-Hansen-Gang

Ideen haben würde, um das kleine Geschäft attraktiv zu gestalten. Vor dem letzten Mieter, August Andresen, hatte der Eigentümer Riewert Hansen dort getrocknete Pflaumen verkauft. Dies und seine in Wyk wohlbekannte „hillige"* Art, den eigenen Glauben wortgewaltig und jederzeit auf den Lippen zu tragen, ließ ihn auf Föhr als „Plummenpreester"** bekannt werden. Schnell wurde sich Hans-Hinrich Stammer mit „Missionar" Hansen einig, zog im Frühjahr 1933 zusammen mit Elli Bartelsen, aus der im Herbst ‚Frau Stammer' wurde, nach Föhr und eröffnete Ecke Hafenstraße/Riewert-Hansen-Gang sein Lebensmittelgeschäft.

Bald lernten die Stammers ihre neue Heimat Föhr und die Menschen auf der Insel näher kennen: Im Oktober 1933 eröffnete Fritz Seitz am Sandwall 32 (heute: Foto Ingwersen) seine Maßschneiderei, in der St. Nicolai-Kirche feierte man im November den 450. Geburtstag Martin Luthers und die „Centralhalle-Tonlichtspiele" in der Großen Straße (heute: „Ihr Platz") zeigten den „Kaiserwalzer". Erste Pläne für die Einrichtung eines Kindergartens entstanden ebenso wie die eines Damms zwischen Föhr und dem Festland, das „Landschaftliche Haus" (heute: Duus-Hotel) von Leon Knudsen kündigte ein „Hasen- und Entenverspielen" an und in der „Centrallhalle" fand der jährliche Jahrmarktsball statt. Die „Jul" fuhr mit ihrer Fracht zwischen Hamburg, Wyk und Amrum, ein Suchender inserierte den Verlust einer Pferdedecke zwischen Utersum und Klein-Dunsum und bei Hans Bohde kostete die 4 Pfund-Dose Grünkohl 1.10 RM. Die Mittelstraße wurde in die Adolf-Hitler-Straße umbenannt und mit „Hitlers Reden als Kanzler" und „Horst Wessel im Bild" stieg die „große Auswahl in wertvollen Büchern des nationalsozialistischen Schrifttums" der Buchhandlung Emil A. Krüger in so furchterregende Höhen, daß sich mancher lieber gleich mit *den* Schweinen befaßte, die ein Oldsumer Bauer im „Insel-Boten" zum Verkauf anbot.

In eine Marktlücke stieß das junge Ehepaar Stammer mit seinem Lebensmittelladen nicht, denn es gab schon einige andere Geschäfte dieser Art in Wyk. 1933 verkaufte Carsten Paul Bahnsen schon fast ein Vierteljahrhundert in der Badestraße 2 seine Kolonialwaren, war aus dem 1. Weltkrieg wohlbehalten zurückgekehrt und machte guten Umsatz mit seinem

** „heilige"*
*** „Pflaumenpriester"*

selbstgebrannten Aquavit, den er im Keller seines Hauses herstellte und in drei Geschmacksrichtungen anbot: „mild", „lieblich" und „hochprozentig". Und besonders der hochprozentige Aquavit war es, der das Gesicht so manchen Wyker ‚Raubeins' irgendwann doch noch milde lächeln ließ. Gegenüber dem Glokkenturm (Mittelstraße 35) stand Hans Holm von morgens bis abends hinter seiner Verkaufstheke und gehörte ebenso zu den schon etablierten Lebensmittelgeschäften wie Andreas Paulsen (Mittelstraße 6), der sich auf feine Wurst und Schinken spezialisiert hatte, aber auch Porzellan verkaufte, und Karl Koch (Mittelstraße 2), der für seinen Kaffee aus eigener Herstellung, feine Schokoladen und gute Weine bekannt war. Am Sandwall (Nr. 48) ging man zu Brunkhorst, in der Mittelstraße zu Kröger (Nr. 25) und Schlie (Nr. 9), in der Mühlenstraße (Nr. 5) zu Bohde, in der Großen Straße zu Braren und an der Ecke Königsstraße/Große Straße verkaufte Johann Corleis, der von allen „Jan Appel" genannt wurde, seine Äpfel. Er brachte sie mit seinem Schiff „Johann" vom Alten Land bei Hamburg selbst nach Föhr und verkaufte sie im Keller des damaligen Rathauses.

Der Anfang für die jungen Stammers war schwer - nicht nur, weil die Konkurrenz groß war, es fehlte auch so manches Mal

Ausfahrt: Elli Stammer mit ihren Söhnen Hans-Otto und Jürgen (im Wagen)

an genügend Geld, um Ware einzukaufen. Aber Elli Stammer wußte Rat, sie dekorierte die kahlen Stellen in den Regalen einfach mit den reichlich vorhandenen Streichholzschachteln, und so wurde die Marke „Welthölzer" zu einem besonders wichtigen Artikel der ersten Jahre. 1939, der kleine Hans-Otto Stammer war inzwischen vier Jahre alt, wurde sein Vater eingezogen und blieb bis 1945 im Krieg.

Elli Stammer hatte während dieser Jahre nicht nur das neu aufgebaute Geschäft zu versorgen, sie bekam 1940 und 1941 auch ihre Söhne Jürgen und Dirk, wartete sehnsüchtig auf die Briefe ihres Mannes und betete, daß er gesund aus dem Krieg zu seiner Familie zurückkehren möge.

Zur tragenden Säule des Geschäfts wurden die „Halligleute", die auf ihren Halligen bis in die 50er Jahre keinen eigenen Kaufmann hatten und sich in Wyk versorgen mußten. Wer einkaufen wollte, schrieb seine Bestellung in ein kleines Heftchen und gab es entweder der nach Wyk fahrenden „Rüm Hart", dem sogenannten „Halligschiff", mit oder man hinterlegte es bei Stammer, während andere Besorgungen und Arztbesuche erledigt wurden. Bei Stammers wurde die gewünschte Ware in große Pakete verpackt und zum Hafen aufs Schiff gebracht. Die zu bezahlende Summe trugen Hans-Hinrich oder Elli Stammer ins Heftchen ein und gaben es wieder mit zur Hallig zurück. Dort lebten die Menschen von der Landwirtschaft; Halligurlauber gab es noch nicht und so wurde in manchem Haus ab und zu das Geld knapp. Aber bei Stammer gab es Kredit. Und wenn im Herbst ein paar Kühe auf dem Viehmarkt in Niebüll oder Husum verkauft worden waren, dann erhielt der Kaufmann in der Wyker Hafenstraße auch gleich sein Geld.

Einmal pro Woche kam Peter „Maler" (Andresen) mit der „Rüm Hart" und brachte neben den Bestellungen auch große Töpfe Halligbutter und frische Eier mit. Die „Halligleute" bezahlten ihre Waren nämlich nur z.T. mit Geld, eine ebenso gute ‚Währung' war die bei vielen Einheimischen und auch Kurgästen sehr begehrte, leicht gesalzen und goldgelbe Halligbutter. Bis nach Hamburg, Bad Oeynhausen und noch weiter verschickten Stammers ihre Halligbutter und die in dickes Pergament einzeln eingepackten Halligeier. Die Rechnung wurde mitgeschickt und auch immer prompt bezahlt.

Es gab jeden Tag viel zu tun, und Elli hatte nicht nur drei Söhne zu versorgen und vor allem im Auge zu behalten, weil sie immer älter und unternehmungslustiger wurden, sie stand auch viele, viele Stunden in ihrem Laden „Lebensmittel-Feinkost Hans Hinr. Stammer" hinter der Verkaufstheke. Der Mut zum Risiko hatte sich gelohnt: Der Laden, den sie und ihr Mann aufgebaut hatten, gehörte mittlerweile zu Wyk. Und auch in der Hafenstraße fühlten sie sich wohl. Im Sommer saßen die Männer bei „Hinne Fietsche" (Hinrich Friedrichs) auf der Treppe, klönten über alte Zeiten und Neues von der Insel, die Jungs spielten am Hafen und heckten im Königsgarten ihre Streiche aus, die Frauen versorgten den Haushalt und die Töchter halfen ihnen dabei. Und so manches Mal standen die Männer dann doch noch auf von ihrer „Klöntreppe", gingen die paar Schritte hoch zu „Modder Böttger" (heute: „Glaube, Liebe, Hoffnung") und ließen sich den Köm schmecken „bis zum Duhnwerden".

Meistens war es Elli Stammer, die den Laden nach Geschäftsschluß aufräumte und alles für den nächsten Tag vorbereitete. Die Arbeit ließ nie nach, denn alle Waren wurden lose verkauft, mußten sortiert, gewogen, abgefüllt und eingepackt werden; die Bonbongläser und Kekskästen mußten nachgefüllt, die Schubladen geordnet und die Säcke ausgetauscht werden. Und mancher erinnert sich noch an die weiß-blau gepunkteten Tüten von Stammer, in denen man die Süßigkeiten für ein paar Pfennige zum Hafen hinuntertrug und dort mit dem Blick auf das geschäftige Treiben auf Kuttern und Frachtschiffen genüßlich verspeiste. Um die Mutter, Ehefrau und Geschäftsfrau Elli Stammer zu entlasten, kamen junge Wykerinnen wie „Ine" (Ingrid) Knudtsen zu ihr „in Stellung" und halfen im Haushalt und im Laden beim Warepacken und Verkaufen mit. Für fast zwei Jahre wurden die Stammers zur neuen Familie für „Ine", die dort im Haus wohnte und bis auf einen freien Tag in der Woche jederzeit dazusein hatte, um Elli Stammer zu helfen. „Ine" lernte sie als resolute Geschäftsfrau kennen, bei der es „kein wenn und aber" gab und die alles gut im Griff hatte.

Auch die Jungs Hans-Otto, Jürgen und Dirk mußten jeden Tag helfen - beim Packen der Pakete für die „Halligleute", beim Auffüllen der Waren oder auch, indem sie schnell durch den

Hof rüber zu Braren in der Großen Straße flitzten, weil der noch einiges an Ware hatte, was bei Stammers inzwischen ausgegangen war, obwohl noch gar nicht alle Bestellungen von der Hallig erledigt waren. Wesentlich beliebter aber war bei den Jungs die Zubereitung des „Kaiseröls", eine Mischung aus Köm und Kirschsaft, die besonders gerne von den Maurern getrunken wurde. Entsprechend gut war der Umsatz, und keiner der Stammer-Jungs gab auch nur einen einzigen Ton der Widerrede von sich, wenn es galt, eine Flasche „Kaiseröl" nach oben in den Laden zu bringen. Für eine gute Mischung mußte nämlich zunächst der Hals der Kömflasche geleert werden, um dann den Kirchsaft nachfüllen zu können. Daß der Köm in eine andere Flasche abgegossen wurde, davon gingen die Eltern Stammer aus; ihre Jungs aber entdeckten eines Tages eine noch viel einfachere Art der ‚Entsorgung' und übernahmen diese Aufgabe nun höchst gerne: Sie tranken den Hals der „Köm"-Flasche einfach leer!

Und zum Schluß

Hans-Hinrich Stammer erlitt mit 51 Jahren einen Gehirnschlag und starb einige Jahre danach. Den Umzug des von ihm und seiner Frau gegründeten Geschäfts, das nun seine Söhne Hans-Otto und Jürgen übernommen hatten, von der Hafenstraße in die Königstraße 5 („Letzter Kaufmann vor Dagebüll") erlebte er noch mit.

Hans-Hinrich Stammer füllt die Automaten vor seinem Geschäft auf

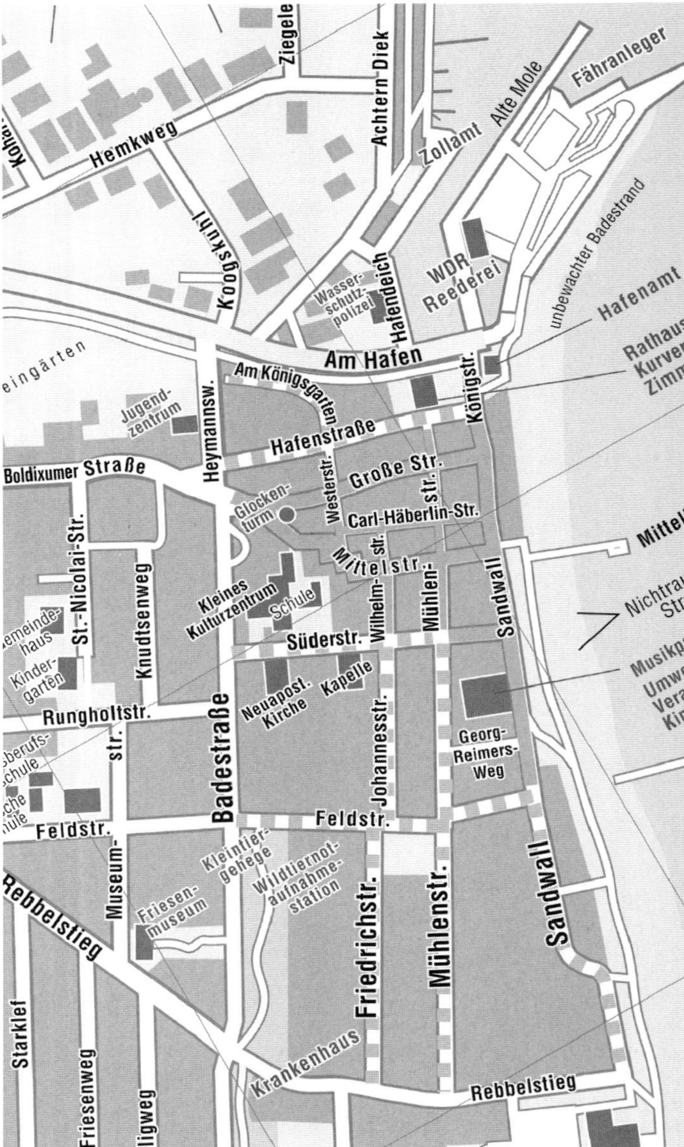

Achtern Diek
Hemkweg
Zollamt
Alte Mole
Fähranleger
Koogskuhl
unbewachter Badestrand
WDR
Reederei
Hafenamt
Wasser-
schutz-
polizei
Hafendeich
Am Hafen
Königstr.
Am Königsgarten
Jugend-
zentrum
Hafenstraße
Heymannsw.
Boldixumer Straße
Große Str.
Westerstr.
Glocken-
turm
Carl-Häberlin-Str.
Mittelstr.
Sandwall
Kleines
Kulturzentrum
Schule
St.-Nicolai-Str.
Knudtsenweg
Wilhelm-
str.
Mühlen-
str.
Süderstr.
Neuapost.
Kirche
Kapelle
Kinder-
garten
Rungholtstr.
Badestraße
Johannesstr.
Georg-
Reimers-
Weg
Feldstr.
Kleintier-
gehege
Wildtiernot-
aufnahme-
station
Friesen-
museum
Museum-
str.
Rebbelstieg
Friedrichstr.
Mühlenstr.
Sandwall
Starklef
Friesenweg
Krankenhaus
Rebbelstieg

1. Rundgang

Start: Am Wyker Hafen, dann zum Hafendeich 20/W.D.R., von dort Richtung Fußgängerbereich Innenstadt rechter Hand zur Hafenstr. 38, 34, 3, mit der Straßenkurve linker Hand zur Boldixumer Str. 13-15/„Kaufhaus Knudtsen“, ein Stückchen weiter links die Nikolaistr. hinauf bis Rungholtstr., dort kurz links und dann rechts in die Museumstr. einbiegen, die Feldstr. überqueren (rechts: Post) und bis Kreuzung Rebbelstieg gehen: Rebbelstieg 34/Friesenmuseum, dort den Ausgang Badestr. durch den Rosengarten nehmen und linker Hand Richtung Wyk gehen, die Feldstr. rechts einbiegen zur Feldstr. 11 „Villa Friede“, der Straße weiter folgen, in die Johannesstr. linker Hand einbiegen, die Süderstr. überqueren, an der Ecke Mittelstr./Wilhelmstr. steht das Haus Mittelstr. 13 a/Wilhelmstr. 8, dann die Wilhelmstr. hinunter bis sie auf die Carl-Häberlins-Str. trifft, dort rechter Hand abbiegen zur Carl-Häberlin-Str. 3/„Bi de Pump“, weiter bis zum Sandwall, dort links abbiegen Sandwall 11, 4, dann zur Königstr. 2 und 1, danach zurück zum Ausgangspunkt Hafendeich 20 und Wyker Hafen.

2. Rundgang

Start: Boldixumer Str. 13-15/„Kaufhaus Knudtsen“, Richtung Innenstadt linker Hand mit der Straßenkurve und dann rechts zur Hafenstr. 1, 34 und 38, geradeaus zur Königsstr. 1 und 2, von dort rechter Hand zu den Häusern Sandwall 4, 11, 13, 30, 34, 42, 15, 21, 72. Von Sandwall 72 zurück Richtung Hafen und die Feldstr. hoch bis zur Kreuzung mit der Mühlenstr., dort links zur Mühlenstr. 31/Wyker Mühle, dann wieder zurück zur Kreuzung Feldstr./Mühlenstr. und linker Hand die Feldstr. hinauf: Feldstr. 11/„Villa Friede“, durch das Wäldchen mit dem Vogelpark der „Villa Friede“ bis zum Ausgang Rebbelstieg, dort rechter Hand die Badestr. überqueren und den Rebbelstieg hinauf zum Rebbelstieg 34/Friesenmuseum, dort Ende des Rundgangs; Fortsetzung: mit Rundgang Nr. 1 ab Rebbelstieg durch den Ausgang Badestr. des Friesenmuseums in Richtung Feldstr.

3. Rundgang (Innenstadt)

Start: Boldixumer Str. 13-15 /„Kaufhaus Knudtsen“, Richtung Innenstadt rechter Hand in die Fußgängerzone einbiegen, am Glockenturm links vorbei zur Großen Str. 27, den Weg ein kleines Stück bis zur Ecke Westerstr. wieder zurück, die Westerstr. hindurch, die Mittelstr. links hinunter, rechter Hand: Mittelstr. 13a/Wilhelmstr. 8, dort Wilhelmstr. linker Hand bis zur Carl-Häberlin-Str. weitergehen, rechter Hand abbiegen zur Carl-Häberlin-Str. 3/„Bi de Pump“, weiter bis zum Sandwall, dort links abbiegen zum Sandwall 11, 4, weiter Richtung Hafen zur Königstr. 2 und 1 und schließlich 1. Möglichkeit: zum Hafendeich 20/W.D.R. und zum Wyker Hafen oder 2. Möglichkeit: die Hafenstr. hinauf zu den Häusern Hafenstr. 38, 34 und 1

Die Begräbnisstätten der vorgestellten Frauen

Grabstätten in Boldixum

Benck, Mike, geb. Hansen (1915-1990)
Haupteingang von der Nieblumer Chaussee, den ungepflasterten Weg geradeaus, Grabstelle auf der linken Seite.

Boetius, Lena, geb. Petersen (1909-1991)
Haupteingang von Boldixum, am Gedenkstein von Stine Andresen den linken gepflasterten Weg geradeaus bis zur Abbiegung nach links zu den Toiletten, genau an dieser Ecke befindet sich die Grabstelle.

Carstensen, Hanna (1873-1953)
Haupteingang Nieblumer Chaussee, den ungepflasterten Weg geradeaus: auf der heutigen Grabstelle Peper (linke Seite) wurde Hanna Carstensens Urne 1953 auf der damaligen Grabstätte ihrer Schwester Juliane Marie Hansen (gest. 1915 mit 39 Jahren) und deren Mann John Julius Hansen (gest. 1933 mit 59 Jahren) beigesetzt; sie befindet sich wahrscheinlich noch dort.

Friede, Lisa, geb. Wedemann (1874-1948)
Eingang grünes Holzhaus am Karkenstieg, 1. Weg rechts hoch, die drei Grabsteine der Familie Friede liegen am Ende des Weges Richtung Nieblumer Chaussee auf der linken Seite nach Osten.

Jürgensen, Dorothea, geb. Nommensen (1885-1976)
Haupteingang von Boldixum, die Weggabelung an der Gedenkstätte Stine Andresens rechts abbiegen und den gepflasterten Weg Richtung Kirche gehen, die Grabstelle befindet sich gleich zu Beginn auf der rechten Seite.

Knudtsen, Elena, geb. Arfsten (1885-1970)
Eingang von der Nieblumer Chaussee, den ungepflasterten Weg linker Hand gerade runter über den Mittelweg, dann gleich links befindet sich die Grabstelle der Familien Knudtsen und Rethwisch.

Langenbeck, Gertrud, geb. Otto (1885-1975)
Haupteingang Nieblumer Chaussee, in den gepflasterten Weg nach ganz rechts einbiegen, von dort den dritten Weg links, das Einzelgrab befindet sich auf der linken Seite.

Lützen, Christine, geb. Freiberg (1906-1990)
Haupteingang Nieblumer Chaussee, in den gepflasterten Weg nach ganz rechts einbiegen, von dort den zweiten Weg links, die Grabstelle befindet sich auf der linken Seite.

Martens, Lentine, geb. Smidt (1796-1876)
Haupteingang von Boldixum, am Gedenkstein von Stine Andresen den linken gepflasterten Weg geradeaus bis zur Abbiegung, dort den Weg links hinunter zu den Toiletten, an der Abzweigung, wo rechter Hand im Hintergrund das Tor

zur Nieblumer Chaussee erscheint, links abbiegen, die Grabstelle liegt auf der linken Seite.

Müller, Mariechen (1893-1985)
Eingang von Boldixum (links vom Haupteingang) in Richtung Kapelle, 6. Weg rechts, das Familiengrab der Müllers liegt auf der rechten Seite.

Osning, Pauline, geb. Volquardsen (1862-1948)
Haupteingang von Boldixum, geradeaus Richtung Süden auf dem sog. Dreieck gleich rechts; die Grabstelle wurde aufgelöst, der Stein des Ehepaares Osning steht noch auf dem Rasen.

de la Roi, Agnes, geb. Osning (1901-2000)
Haupteingang Nieblumer Chaussee, in den gepflasterten Weg nach ganz rechts einbiegen, von dort den achten Weg links, die Grabstelle befindet sich auf der linken Seite.

Schau, Rosina, geb. Knudsen (1851-1933)
Haupteingang von der Nieblumer Chaussee, den ungepflasterten Weg geradeaus bis zur Wasserstelle, den gepflasterten Weg links hoch, dann den ersten Weg rechts, die Grabstelle befindet sich auf der linken Seite.

Stammer, Elli, geb. Bartelsen (1912-2001)
Haupteingang Nieblumer Chaussee, den gepflasterten Weg nach ganz rechts, den dritten Weg links, die Grabstelle befindet sich auf der linken Seite

Aufgelöste Grabstellen

Axen, Metta Katharina, geb. Pfeiffer (1820-1891)
Becker, Therese
Papke, Elena Margaretha

Grabstätten in Nieblum

Eike Jensen, geb. Knudtsen (1874-1930)
Große, liegende Steinplatte nordöstlich der Kirche

Grabstätten außerhalb Föhrs

Block, Irma, geb. Petersen (1903-1996), Friedhof Süderbrarup
Büchner, Luise (1821-1877), Darmstadt
Hedwig Sophie, Herzogin (1681-1708), Riddarholmskyrkan/ Stockholm,
Karoline Amalie (1796-1881), Dom von Roskilde/Dänemark,
Kettner, Ida von (1809-1895), Karlsruhe
Viktoria, Kronprinzessin und spätere Kaiserin (1840-1901), Mausoleum der Friedenskirche zu Potsdam,
Wilhelmine, Prinzessin (1808-1891), Glücksburg.
Wüstenfeld, Emilie (1817-1875), Hamburg

Unbekannte Grabstätten

Matthiesen, Julie

Personen-register

(Kapitel-Frauen sind fett gedruckt)

Für die Hilfe der Leserinnen und Leser bei der Ergänzung der noch fehlenden Lebensdaten wäre die Autorin sehr dankbar.

Wozu braucht ein Mädchen einen Schreibtisch?
Von Karin de la Roi-Frey
Euro 11,00. ISBN 3-924 422-62-1

Ein vor vielen Jahren geschenkter Schreibtisch, der seitdem von Generation zu Generation weitervererbt wurde, wird zur Wiege für Föhrer Geschichten, die Karin de la Roi-Frey erzählt. Sie berichtet erstmals über bisher unbekannte Begebenheiten, von „Insel-Klatsch" und Wyker Originalen, markanten Ereignissen und „Punschgeschichten". In den Mittelpunkt ihrer kurzweiligen und humorvollen, aber von den Zeitereignissen geprägten Geschichten einer Inselfamilie, stellt sie dabei das Leben ihrer fast hundertjährigen Großmutter.
Aus dem reichen Erinnerungsschatz ihrer Großmutter schöpfend, und mit dem Wunsch, ein Stück nordfriesisches Inselleben schriftlich festzuhalten, erzählt die Autorin Karin de la Roi-Frey Geschichten aus verschiedenen Zeitepochen. Die berühmte „Halligverwandtschaft", „Der Hafenmeister", „Inselfriedhof" und „Das Haus in der Süderstraße" lassen den Leser teilhaben an der guten alten Zeit.
Ein Stück spannende und ganz persönlich erlebte Inselgeschichte wurde so festgehalten.

„Wenn alle Stricke reißen, dann wird sie noch einmal eine Lehrerin!"
Lehrerinnen in biographischen Zeugnissen. Interdisziplinäre Frauenforschung, Band 4
Von Karin de la Roi-Frey / Hans-Ulrich Grunder
Euro 40,00. ISBN 3-930083-78-7
Bibliotheksleinen: Euro 58,-, ISBN 3-930083-83-3
Verlag Dr. Dieter Winkler, Bochum

„...dann kannst du ja gleich Prostituierte werden!" mußte sich eine junge Frau, die Lehrerin werden wollte, von ihrem Onkel sagen lassen.

Von den Erinnerungen bekannter und unbekannter Schülerinnen an ihre Lehrerinnen, von den Schwierigkeiten der Frauen, zu Bildung zu gelangen und sie als Lehrerin weitergeben zu dürfen, von ihrem Schulalltag und den bissig-unqualifizierten Kommentaren der Männerwelt zum Thema „Frauen und Bildung" berichtet Karin de la Roi-Frey, Lehrerin und Verfasserin mehrerer Frauenbiographien, in ihrem Buch „Wenn alle Stricke reißen, dann wird sie noch einmal eine Lehrerin!", in dem unbekannte neben berühmten Lehrerinnen aus mehreren Jahrhunderten und den verschiedensten Teilen der Welt zu Wort kommen.

Frauenleben im Biedermeier
Berühmte Besucherinnen bei Justinus Kerner in Weinsberg
Von Karin de la Roi-Frey
Euro 12,40. ISBN 3-87181-397-4, DRW-Verlag

Das Kernerhaus in Weinsberg war ein beliebter Anlaufpunkt für eine Vielzahl illustrer Gäste aus nah und fern. In der legendären Gästeliste des Justinus Kerner werden alle aufgeführt, die ihn und seine Frau Friederike besucht haben. Bislang wurde vor allem den männlichen Besuchern Aufmerksamkeit geschenkt, doch es kamen auch zahlreiche beachtenswerte Frauen zu dem gastfreundlichen Ehepaar. Darunter waren Sophie Schwab, Karoline Schiller, Agnes Schebest, Emma von Suckow und Charlotte Gmelin.

Die Autorin Karin de la Roi-Frey schildert unterhaltsam und auf gründlicher Recherche beruhend die Lebensgeschichten dieser bemerkenswerten Frauen und hat dabei auch neue Entdeckungen zur Literatur- und Geistesgeschichte des 19. Jahrhunderts gemacht. Es entsteht ein ebenso anschauliches wie informatives Bild über das Frauenleben in dieser Zeit, das deutlich zeigt: Frauen verfügen über eigene Geschichte.

Mörike von A bis Z
Von Karin de la Roi-Frey
Euro 12,40. ISBN 3-871 81-452-0,
DRW-Verlag

Aussteiger, Christentum, Ehe, Vikarsknechtschaft - unter 35 Stichwörtern stellt Karin de la Roi-Frey den beliebten und unvergessenen schwäbischen Dichter aus bisher unbekannter Perspektive vor. Diese ungewöhnliche Biographie bietet die Gelegenheit, ihn in den vielen Facetten seines Lebens kennenzulernen. Hinter dem Klischee des „kleinen, verträumten und lebensuntüchtigen Pfarrhauspoeten" tritt der Mensch Mörike in einem ungewöhnlichen Leseerlebnis hervor und gewährt neue Einblicke.

Ein Porträt mit vielen Gedichten und zeitgenössischen Illustrationen.

Uhland von A bis Z
Von Karin de la Roi-Frey
Euro 9,90. ISBN 3-87181-407-5,
DRW-Verlag

Ludwig Uhland (1787 - 1862) gilt als einer der größten deutschen Dichter. Zugleich war er Politiker und spielte während der Revolution von 1848/49 eine bedeutende Rolle.

Zu jedem Buchstaben des Alphabets hat die Autorin Geschichten, Anekdoten und Wissenswertes über Ludwig Uhland zusammengestellt. Von A wie Aussehen über L wie Landtag bis hin zu Z wie Zeitvertreib vermitteln die Texte in unterhaltsamer Weise ein eindrucksvolles, zum Teil auch unbekanntes Bild des Dichters. Man erfährt viel über seine Wirkung auf andere Menschen. Auch die enge Bindung an seine Familie und in ganz besonderem Maß die glückliche Ehe mit Emilie Uhland werden einfühlsam dargestellt. Erzählungen über sehr persönliche Dinge, wie beispielsweise seine Lieblingsgerichte, seine sportlichen Betätigungen wie Schwimmen und Schlittschuhlaufen, seine Vorliebe für den Wein und vieles mehr zeigen Ludwig Uhland ganz privat. Die berufliche Laufbahn, ebenso seine privaten Erlebnisse - all dies verbindet sich zu einer facettenreichen Biographie des berühmten Mannes.

Mütter berühmter Schwabenköpfe
Von Karin de la Roi-Frey
Euro 19,90. ISBN 3-7987-0349-3,
Stieglitz Verlag

Die aufregenden und informativen sieben Kapitel dieses Buches führen in neue, bisher unerforschte Gebiete der württembergischen Geschichte und stellen eine Bereicherung der Geistes- und Kulturgeschichte des Landes dar. Wilhelm Hauff, Gustav Schwab, Julius Kerner, Ludwig Uhland und Friedrich Hegel gelten als „Schwabenköpfe", die weit über die Grenzen Baden-Württembergs hinaus bekannt sind. Von ihren Müttern dagegen weiß man viel zu wenig, obwohl deren Leben ebenso interessant war wie das ihrer Söhne.

In minutiöser Recherche ist es Karin de la Roi-Frey gelungen, die „Mütter berühmter Schwabenköpfe" aus dem Vergessen in die Gegenwart zu holen und die alltägliche Wirklichkeit der „Frauenzimmer" im 18. Jahrhundert lebendig werden zu lassen.

Rosine Elisabeth Uhland, Herzogin Maria Augusta, Maria Magdalena Hegel, Friederike Schwab, Friederike Kerner, Rosalie Cotta und Wilhelmine Hedwig Hauff werden hier zum ersten Mal in den vielen Facetten ihres Lebens vorgestellt.

NordenMedia. Der Inselverlag.

Rinder Poevieh
Die schönsten Kuh-Gedichte
von Thomas Block,
illustriert von Olaf Sebening
Bekannt aus Presse und TV (ZDF Cash, Pro7, SAT1 Frühstücksfernsehen etc.)
Stefan Raab urteilte:
„Das sind dann auch so Sachen, die ein bisschen mit der Sexualität der Kühe spielen...“
ISBN 3-935347-04-9

Der Waldkindergarten
von Kirsten Bickel
Was genau ist ein Waldkindergarten, woher stammen Idee und Konzept, welche päd. Ziele werden verfolgt und wie sieht das alles in der Praxis aus? Mit Praxisbeispiel „Naturkindergarten auf Föhr“
ISBN 3-935347-01-4

Und wovon träumst du nachts?
Erinnerungen an eine Kindheit zwischen Wunsch und Wirklichkeit.
von Ove E. Rasmuss.
Ove erlebt in seinen Kindertagen Menschen und Meinungen, die ihn immer wieder an den Rand seiner kleinen menschlichen Gesellschaft drängen.
ISBN 3-935347-07-3

Elli – Von mir und meinem Leben will ich heute erzählen
von Elli Schiemann.
Eine achzigjährige Frau berichtet aus ihrem Leben.
ISBN 3-935347-08-1

Letztes Jahr auf Föhr.
Eine Novelle.
von Reh van Berg. Er skizziert das Leben eines Malers, hin- und hergetrieben zwischen Föhr, München, Mainz, Berlin, Bregenz, zwischen Lea, Katja, Maria, Alexandra. Zwischen Ebbe und Flut.
ISBN 3-935347-03-0

Eine Schöpfungsgeschichte. Epilog A.
von Heinz Spitzer
Der Epilog als Prolog zur Serie, zum umfassenden Werk über die Entstehung des Universums, der Welt und des Lebens.
ISBN 3-935347-09-X

Föhr – Insel des Herzens Kalender 2003
von Hermann Hinsberger
Der Föhrer Fotograf zeigt in beeindrukkender Weise die Traumlandschaften der Insel Föhr und des Wattenmeeres.
ISBN 3-935347-10-3

Wim's Kochkacheln,
Seeluft macht hungrig! von Wim Lambersy. Der Küchenchef weiht Sie ein in seine kleinen Geheimnisse, oft erprobt und täglich serviert an der Nordsee!
ISBN 3-935347-02-2

Föhr - Die CD-ROM
von Peter Hilber. Eine multimediale Bildershow über eine der schönsten Inseln der Welt. Mit Infoteil, Kalender, Internet, Spiel etc. – Ab Windows 95.
ISBN 3-935347-00-6

...und vieles mehr!